CD-ROM 付き

うたって！ おどって！ 鈴木 翼の うきうきシアター

池田書店

もくじ

年中行事のシアター

日常で楽しめるシアター

本書の特長と見方

1年を通して楽しめる

紹介しているシアターは、年中行事をテーマにしたものや、季節を問わずあそべる作品ばかりです。1年を通して、子どもたちと一緒に楽しみましょう。また、ペープサートやスケッチブック、パネル、紙皿、紙コップなど、シアターの種類も豊富です。

親しみやすいイラスト

シアターの絵人形などで使っているイラストは、どれも子どもたちが楽しめる親しみやすいタッチのものばかりです。見た目もわかりやすく、カラフルに仕上げています。

※イラストは、印刷の都合により、本書での色味とCD-ROMに収録されているデータの色味が異なる場合があります。また、パソコンやプリンタによって、収録されているデータとプリントした際の色味が異なる場合があります。

身近な材料で作れる

紙皿や画用紙、スケッチブック、クリアファイルなど、紹介しているシアターで使う材料は、身近で手に入りやすいものばかりです。

コピー用の型紙付き

本書の81〜143ページには、コピーして使える型紙集がついています。目安の拡大率も表示していますので、イラストをコピーして自由に色をつけて使ってみましょう。

CD-ROMにカラーイラストを収録

本書で紹介しているイラストは、すべて付属のCD-ROMに収録されています。お使いのパソコン機器からプリントすれば、そのまま使えて準備もスムーズにできます。

【CD-ROMについて】

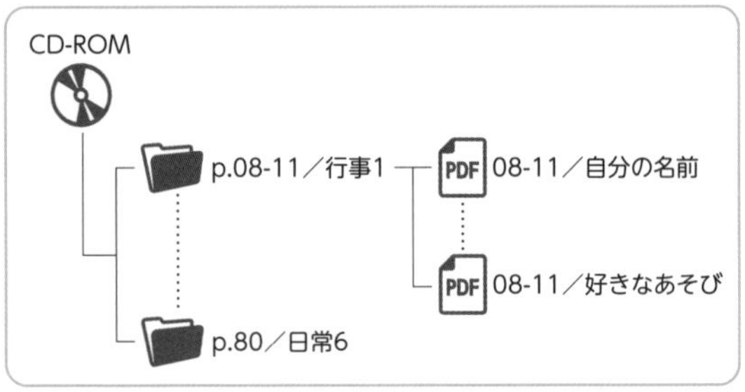

□ CD-ROMには、PDF形式のカラーイラストが収録されています。
□ファイルを開くためには、アドビ株式会社のAdobe ReaderまたはAdobe Acrobatが必要です。お使いのパソコン機器やバージョンによっては開けない場合もありますので、使用される前にアドビ株式会社のホームページ等でご確認ください。
□収録されているデータは、ご購入された個人または法人が、印刷して私的範囲および施設範囲内で自由に使用できます。営利目的での使用は禁じます。
□収録されているデータそのものを無断で複製、販売、貸与、インターネットやSNS等での頒布、提供することを禁じます。
□収録されているデータの著作権は、すべて池田書店および著作権者に帰属します。

カテゴリー

「年中行事」と「日常で楽しめる」の２つに分けて紹介しています。

シアターの種類

「スケッチブック」「紙皿」「パネル」など、シアターの種類を表しています。

収録フォルダ名

付属の CD-ROM に収録されているイラストデータのフォルダ名です。

型紙

本書の型紙集［コピー用］を掲載しているページです。

用意するもの

演じる際に必要な材料や絵人形、小道具とともに、作り方なども紹介しています。

シアター Point!

演じる時の注意点やコツ、ポイントなどを紹介しています。

演じ方

演じる時の具体的なセリフや動き方を記しています。

子どもとのやり取り例

セリフやかけ声、共感したり歌ったりといった、子どもたちとのやり取りの例を表しています。

これで盛り上がる！

子どもたちとさらに盛り上がるコツや、アイデアを紹介しています。

型紙集［コピー用］

本書で紹介しているシアターのコピー用型紙です。必要な大きさにコピーしてお使いください。

歌詞

シアターの中で出てくる歌の歌詞です。子どもたちと一緒に歌って、シアターを楽しみましょう。

とっておきアレンジ!!

楽しさがどんどん広がるアレンジのアイデアを紹介しています。

楽譜

歌が出てくるシアターは、最後のページに楽譜を掲載しています。

演じ方のコツ

演じる時のポイント

- □ 自分のペースで、落ち着いて演じる。
- □ シナリオ通りに演じる必要はない。
- □ 本番までには、ある程度の練習をしておく。
- □ 演じて終わりの一方通行ではなく、できるだけ子どもたちとコミュニケーションを取りながらやり取りを楽しむ。子どもとのやり取りは臨機応変に。
- □ 強調したいセリフや、注目してほしいところなどは、声のトーンやテンポを変えたり、声量の大小をつけたりすると、さらに盛り上がる。
- □ 体の動きや顔の表情はできるだけ豊かに、明るく。
- □ 子どもたちの様子に気を配りながら、演じ方を調整する。

低年齢児の前での演じ方

0・1・2歳児の場合、絵を動かしながら話をすると伝わりにくいので、絵を見せてから話すようにするとよいでしょう。その時は「ゆっくり」「はっきり」「じっくり」を心がけます。子どもたちはストーリーの先が読めてくると、落ち着いて楽しめるようになるので、くり返しながら演じていくとよいでしょう。

紙皿の回し方

紙皿を使ったシアター（P.22、26、40、52、62）では、2枚、3枚と紙皿を重ねて演じます。回し方を練習しておくと、スムーズに演じることができます。

1 紙皿を2枚重ね、左手の親指と人差し指で上の紙皿を、右手の親指と人差し指で下の紙皿を、それぞれつまむように持つ。

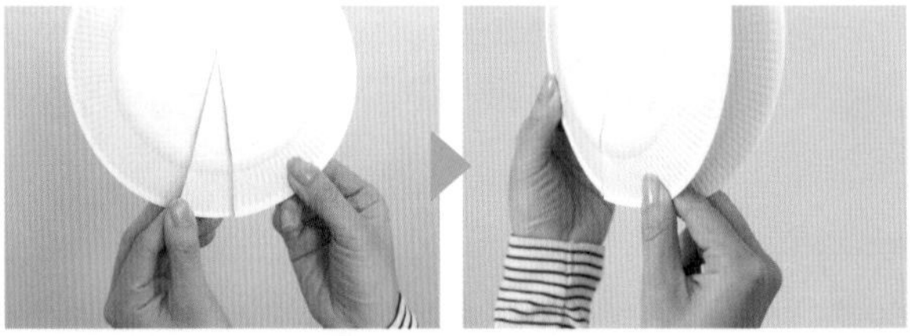

2 上の紙皿を下の紙皿の切り込みに入れながら、右手は固定したまま、左手を回していく。

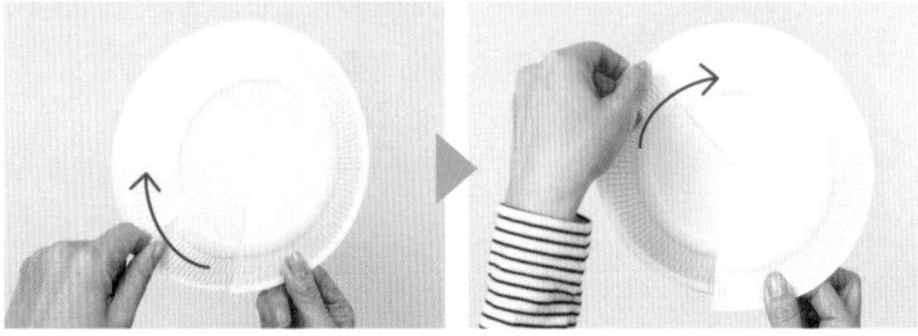

3 左手で上まで回したら、手首を返して人差し指を中指に変えてつまみ直し、さらに下まで回す。

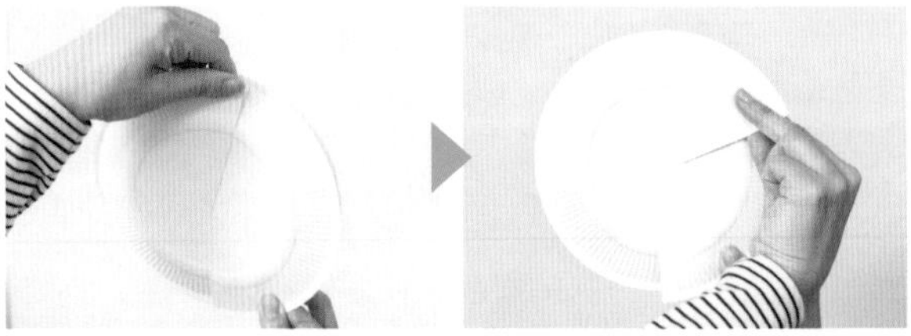

▲上まで回したところ。

3枚重ねる時は……

①左手の親指と人差し指でつまむように1枚目（一番上の紙皿）を持ち、右手の親指と人差し指で2・3枚目（真ん中と一番下の紙皿）を一緒につまむように持つ。
②左手で1枚目を、2・3枚目の切り込み線に入れるように回す。

一年を通して、楽しみ広がる

年中行事のシアター

4月の新年度から3月の卒園まで
年中行事やイベントをテーマにした、とっておきのシアターです。
あっと驚くしかけや、思わず……笑っちゃう作品ばかりです。

クリアファイル ＋ 赤い下敷き

p.08-11 ／行事1

年中行事のシアター
1
新年度

不思議な はじめまして

赤やオレンジ色が消える不思議なシアターで、自己紹介をしてみましょう。
クイズあそびにもなっているので、実習生にもぴったりです。

型紙 p.81

用意するもの

□絵柄一式 □クリアファイル（A4・1枚） □赤い下敷き（A4・1枚）
□蛍光ペン（ピンクやオレンジなど） □ペン（黒）

用意する絵柄

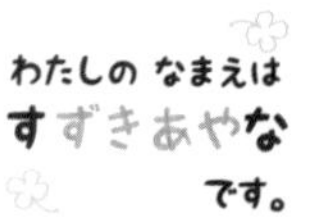

08-11／
自分の名前

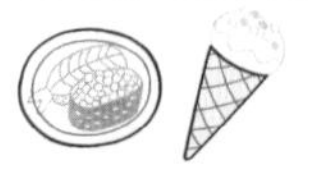

08-11／
好きな食べもの※

08-11／
好きな動物※

08-11／
好きな色

08-11／
好きなあそび※

※型紙と付属のCD-ROMに収録されているデータは、絵柄が異なります。

作り方 ①消したくない文字や絵は黒いペンで、消したい文字や絵は蛍光ペンで書く。
②絵柄の上に赤い下敷きを重ね、クリアファイルに挟む。

シアターPoint！

- 答えが難しいものは、ヒントをうまく取り入れてみるとよいでしょう。
- 子どもたちと仲よくなれるきっかけになるように、やり取りを楽しみましょう。

① 自分の名前

1

保育者 **不思議なシアターで、自己紹介をしたいと思います。先生の名前は……「す」と書いてあります。**

「自分の名前」を赤い下敷きに重ねて見せる。

2 保育者 次は、何かな？

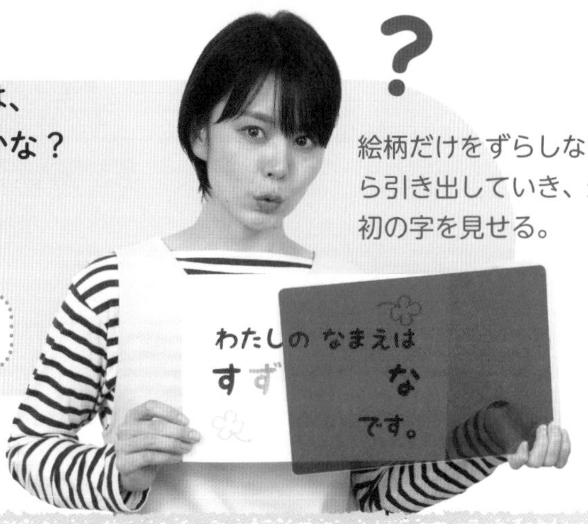

？

絵柄だけをずらしながら引き出していき、最初の字を見せる。

なんだろう？ 教えて

3 保育者「すずき あやな」と言います。よろしくね！

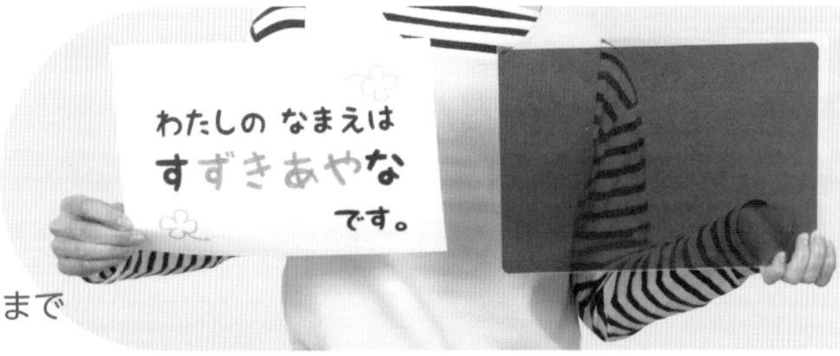

絵を最後まで見せる。

すずき
あやなです！

② 好きな食べもの

1 保育者 では、先生が好きな食べものはなんでしょう？

ん～
何かな？

赤い下敷きに重ねた「好きな食べもの」を見せる。

2 保育者 見てみて、動かすよ。さあ、これはなんでしょう？

子どもたちの反応を見ながら、一方の絵だけを引き出して見せる。

おかしかな？

ぼく、わかったよ！

3

保育者 **お寿司とアイスでしたー!!**

絵を最後まで見せる。

4

保育者 **みんなはどんな食べものが好き？**

子どもたちに好きな食べものを描いてもらう。

イラスト例

③ 好きな動物

1

保育者 **先生の好きな動物はなんでしょう？ヒントは、ひげです。**

赤い下敷きに重ねた「好きな動物」を見せる。

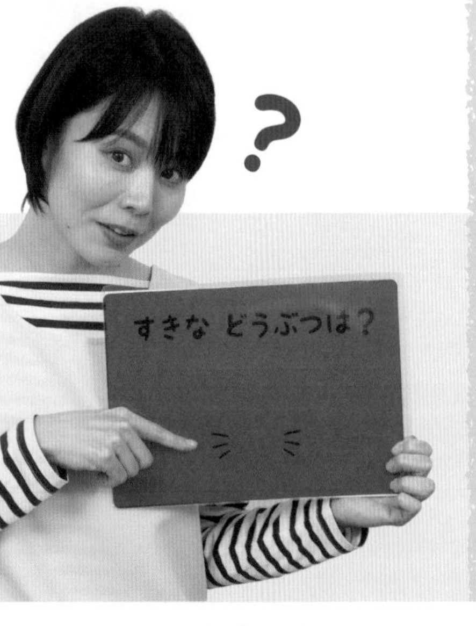

2

保育者 **正解は……ネコでした！先生はネコが大好きです。**

子どもたちの反応を見ながら、絵だけをゆっくり引き出し、最後まで見せる。

④ 好きな色

1 保育者
**先生の
好きな色は
なんでしょう？**

赤い下敷きに重ねた「好きな色」を見せる。

2 保育者 **絵の具が書いてあるけど、
これじゃ何色かわからないね。**

子どもたちの
反応を見ながら。

3 保育者 **正解は……
ピンクとオレンジでした！**

絵だけを引き出して１つずつ見せる。

※青や緑は黒っぽく見えるので、
違う質問の仕方をしても楽しめます。

⑤ 好きなあそび

1 保育者
**先生はこんな
あそびが好きです。
なんとかごっこって
書いてあるね。**

赤い下敷きに重ねた「好きなあそび」を見せる。

2 保育者
**何ごっこが
好きかな？**

子どもたちの反応を
見ながら。

3 保育者
**正解は……
おにごっこでしたー！
みんな、いっぱい
あそぼうね。**

絵だけをゆっくり引き出し、
最後まで見せる。

おしまい

**これで
盛り上がる！**

最後に「ごっこあそび」ではなく、ダンスや絵を描いて「自分が好きなもの」をクイズにすると、その後のあそびにつなげやすいでしょう。

**とっておき
アレンジ！！**

低年齢児のクラスでは、質問をしても返ってこない場合があります。「動物にタッチしてみよう」と声をかけたり、食べものなら子どもたちの前に出して、一緒に食べるまねをしてもいいですね。

年中行事のシアター
2
新年度

ハンカチ

p.12-15／行事2

春になったら

春はいろいろな生き物を見つけたり探したり、楽しい季節ですね。
でも、新しい環境で不安な子どもたちの心がちょっとほぐれるような、
すぐにできるハンカチシアターをご紹介します。

用意するもの

□ハンカチ（1枚）

シアターPoint！

- ☑ ただ演じるだけではなく、子どもたちとのやり取りも大切にしましょう。
- ☑ 出てくる生き物の特徴や動きに合わせて、声の大きさやテンポを少し変えてみましょう。

1 保育者

春になったら、いろいろな生き物が出てくるね。

ハンカチをさっと出す。

2 保育者

あれ？　何か隠れているよ。何が隠れているかな？
♪春がきたー　春がきたー　どこにきたー

ハンカチで手を隠し、揺らしながら、童謡『春が来た』の一節を歌う。

① ダンゴムシ

1 保育者 **モゾモゾモゾ。あれ？　何かな？**

ハンカチの中で手を動かし、子どもたちの反応を待つ。

なんだろう？

あっ！ 動いてる！

2 保育者

モゾモゾモゾ。
ダンゴムシさんでしたー。
みんなのところに
あそびに行くよ。

ハンカチから手を出し、モゾモゾと動かしながら、子どもたちのほうへ。

3

保育者 **あっ！　みんな、指を出して
チョンってしてみて。せーの、チョン！
あっ！　ダンゴムシさんが丸まったね。**

「チョン！」のタイミングで、モゾモゾしていた手をグーにする。

4

保育者 **モゾモゾ、モゾモゾ。
また動き出したよ。**

手をモゾモゾと動かしたり、止めたりをくり返す。

5

保育者
**モゾモゾモゾー!!
わー!!**

手を動かしながら、すばやく子どもたちのほうへ近づける。

6

保育者
**ハンカチかけて、
おしまい！**

動くやり取りを楽しんだら、ハンカチを手にかけて、次へ進む。

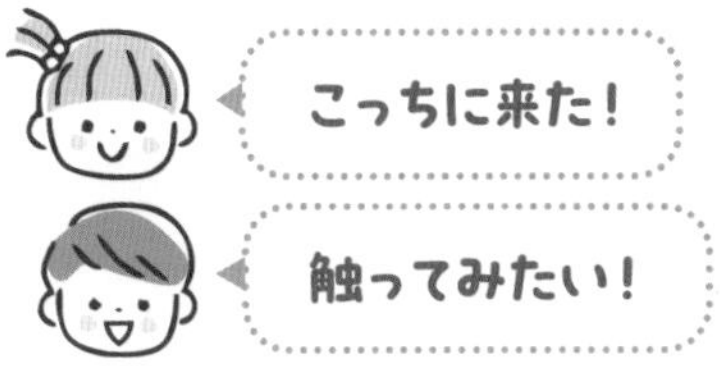

② アリ

1

保育者 **次は何が出てくるかな？
♪春がきたー　春がきたー
どこにきたー**

ハンカチで手を隠し、揺らしながら、童謡『春が来た』の一節を歌う。

2

保育者
**ちょこちょこ
ちょこ。
あれ？　何かな？**

ハンカチの中で手をチョキの形にし、2本指でちょこちょこ歩くように動かし、子どもたちの反応を待つ。

3

保育者
**アリさんでしたー。
みんなのところに
あそびに行くよ。**

ハンカチから手を出し、2本指を動かしながら、子どもたちのほうへ近づける。

4

保育者 **ちょこちょこちょこ。
こちょこちょこちょー！**

チョキで歩いていき、子どもたちをくすぐる。

5

保育者 **ハンカチかけて、おしまい！**

やり取りを楽しんだら、ハンカチを手にかけて、次へ進む。

③ チョウチョウ

1
保育者
次は何が出てくるかな？
♪春がきたー　春がきたー
どこにきたー

ハンカチで手を隠し、揺らしながら、
童謡『春が来た』の一節を歌う。

2
保育者
ひらひらひら。
あれ？　何かな？

ハンカチの中で、パーの手で羽ばたくように動かし、子どもたちの反応を待つ。

飛んでいるみたい！

鳥さんかなあ？

3
保育者
チョウチョウさんでしたー。
みんなのところにあそびに行くよ。

ハンカチから手を出し、両手を動かしながら、子どもたちのほうへ近づける。

4
保育者
ひらひらひら、ピタ。
ひらひらひら、ピタ。

私のところに止まったよ！

いいなあ

両手を動かしていき、子どもたちの肩や頭に止まる。

5
保育者
あー、
飛んで行っちゃった。
ハンカチかけて、
おしまい！

やり取りを楽しんだら、ハンカチを手にかけて、次へ進む。

④ カメ

1
保育者
次は何が出てくるかな？
♪春がきたー　春がきたー
どこにきたー

ハンカチで手を隠し、揺らしながら、
童謡『春が来た』の一節を歌う。

2
保育者
のそのそのそ。
あれ？　何かな？

親指だけをうにうにと動かし、子どもたちの反応を待つ。

変な動き方をしてる！

なんだろう？

3
保育者
カメさんでしたー。
みんなのところに
あそびに行くよ。

握った手を動かしながら、
子どもたちのほうへ近づける。

4
保育者
のそのそのそ。
カメ
グー。

「グー」のタイミングで
親指を引っ込める。

5 保育者
寝ちゃったね。まだ眠いのかな？
起こしてあげようか？
みんなで「起きてー！」って
言ってみよう。せーの！

起きてー！

6 カメ
ああ、ごめんごめん。
まだ冬眠から
覚めたばかり
だから、
グー。

7 保育者
また寝ちゃった！　みんな
起こしてあげて～！　せーの！

起きてー！

8 カメ
あー！　ありがとう。
起きたよ。じゃあ、そっちに
行こうか、グー。

9 カメ
ありがとう。
まだ眠いから、
またあそぼうね！

10 保育者
ハンカチかけて、
おしまい！

やり取りを楽しんだら、ハンカチを手にかけて、次へ進む。

5 キツネ

1 保育者
次は何が出てくるかな？
♪春がきたー　春がきたー
　どこにきたー

ハンカチで手を隠し、揺らしながら、童謡『春が来た』の一節を歌う。

2 保育者
コンコンコン。
あれ？
何かな？

ハンカチの中で手をキツネの形にして、子どもたちの反応を待つ。

3 保育者
キツネさんでしたー。
みんな、一緒に
お散歩に行こう！

ハンカチから手を出し、歩く動きをする。

4 キツネ
ランラ ランラ ラーン。
保育者
楽しそうだね。じゃあ、
みんなも一緒に外であそぼうね。

あそびに行く！

5 保育者 ハンカチかけて、おしまい！

やり取りを楽しんだら、ハンカチを手にかけて、終わる。

おしまい

とっておきアレンジ！！

ヘビなら、「シャー！　食べちゃうぞー」とびっくりさせてもいいですね。人差し指を立てて「ミミズ」に見立て、腕をはうように触れるなど、手の形をいろいろと工夫してあそんでみましょう。

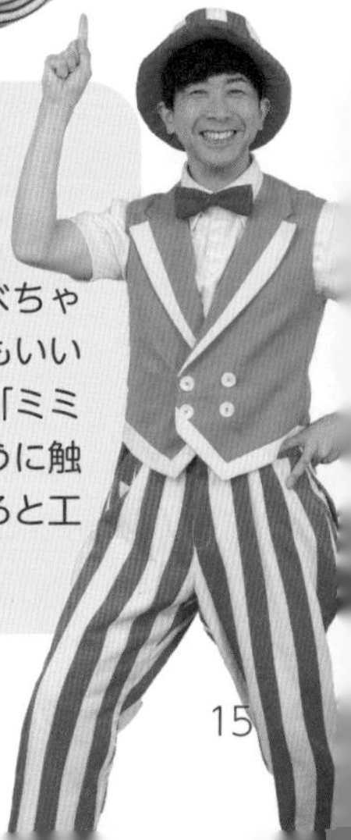

年中行事のシアター 3
お誕生会

スケッチブック

p.16-17／行事3

お誕生日パフェでおめでとう

子どもたちとやり取りを楽しめるシアターになっています。
おいしいパフェを食べて、お誕生日をみんなでお祝いしましょう。

型紙 p.84

用意するもの

□絵柄一式　□スケッチブック（B4・5枚）

用意する絵柄

16-17／イチゴパフェ　16-17／容器だけ　16-17／メロンパフェ　16-17／全部ない　16-17／お誕生日パフェ

作り方　スケッチブックに、下記の順で絵柄を貼る。
1枚目…「イチゴパフェ」　2枚目…「容器だけ」　3枚目…「メロンパフェ」
4枚目…「全部ない」　5枚目…「お誕生日パフェ」

シアターPoint！

☑ パフェがなくなったことに保育者が気づかないふりをして、さっとめくります。

1

保育者

今日は、みんなにおいしいパフェを用意しました。まずは、イチゴパフェです。

1枚目の「イチゴパフェ」を見せる。

わー、食べたいな！

2

保育者

おいしそうだね。いただきまーす。あれ？　スプーンがない。どこ？

スプーンを探すふりをしながら。

3

保育者

あっ！パフェがない！どこ行っちゃった？

さっとめくって2枚目の「容器だけ」を見せる。子どもたちの反応を待って。

消えちゃったよ！

4

保育者

あっ！　あった！　よかった！

これで大丈夫だね！
いただきまーす。

もう一度１枚目に戻す。

5

保育者

次のパフェは何かな？
おいしそうだね。
いただきまーす。

２枚めくって、３枚目の「メロンパフェ」を見せる。

こっちもおいしそう！

6

保育者

あっ！　口にクリームがついちゃった。
ハンカチはどこ？

ハンカチを探すふりをする。

7

保育者

あった、あった！　じゃあ、いただき……。
あれ？　パフェがない！　全部ない！
おーい、パフェー！

おーい！

めくって、４枚目の「全部ない」を見せる。

全部ない！

8

保育者

あっ！　あった！
よかった！
これで大丈夫だね！
いただきまーす。

再び３枚目の「メロンパフェ」を見せ、食べるまねをする。

9

保育者

ええっ！　また消えちゃった。
食べられないなあ。

再び４枚目の「全部ない」を見せる。

出てこーい！

10

保育者

そうだ！　みんなで
「出てこーい」って
お願いしてみよう。
せーの！

出てこーい！

11

保育者

わあ！　メロンパフェが消えて、
お誕生日パフェが出てきた！
じゃあ、みんなでお祝いしましょう。

１枚めくって、５枚目の「お誕生日パフェ」を見せ、『ハッピーバースデー』など、誕生日の歌を歌う。

おしまい

これで盛り上がる！

スケッチブックを見ずに、違うほうを見ながらさっとめくれば、子どもたちにはスケッチブックからパフェが消えたように見えます。気づかれないままめくることができれば、より盛り上がるでしょう。

年中行事のシアター
4
七夕

ペープサート

p.18-21／行事4

なかなか会えない七夕様

年に一度の七夕の日。今日は織姫と彦星はちゃんと会えるのでしょうか？
子どもたちへ問いかけながら進めていく楽しいシアターです。

型紙 p.89

用意するもの

□絵柄一式　□画用紙　□割り箸　□テープ

用意する絵柄

18-21／織姫（表）　18-21／織姫（裏）　18-21／彦星（表）　18-21／彦星（裏）

作り方

①絵柄はそれぞれ、画用紙に貼る。

②表と裏をペアにして、一方の裏面に割り箸をテープでとめ、挟んで貼り合わせる。

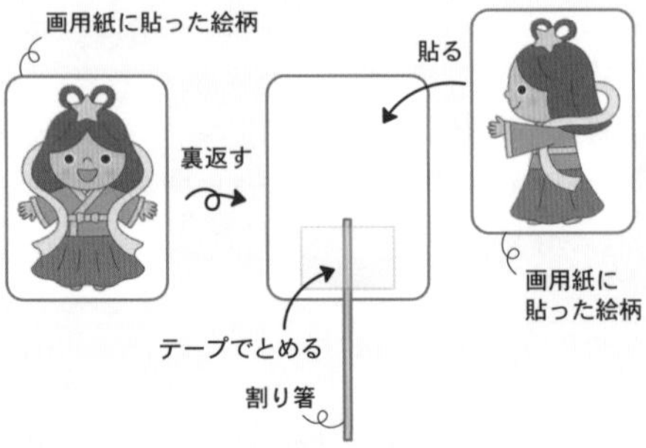

- ✓織姫と彦星は、声色を変えて演じ分けましょう。
- ✓最後に左右のペープサートを持ち替えるところがあります。持ち替えないと二人が会えないので、気をつけましょう。

1

保育者

7月7日は、七夕。
一年に一度、
織姫と彦星が天の川で
会える日です。
あっ！　彦星が
やって来ました。

「彦星（表）」を出す。

2

彦星

**みんな、こんにちは。
ねえ、織姫を見なかった？
今日は天の川で
待ち合わせしているんだ。
どこにもいないなあ。**

どこにも
いないなあ～

子どもたちに問い
かけながら。

3

彦星

**ちょっと向こうを見てくるね。
タッタ タッタ タッタ。**

「彦星（裏)」にして、走るように
動かしながらしまう。

見つかるといいね！

4

織姫

**みんな、こんにちは。
ねえ、彦星を見なかった？
今日は天の川で
待ち合わせしているの。**

さっき見たー！

探してあげるよ

反対側からやって来るように
「織姫（表)」を出す。

5

織姫

**えっ？　会ったの？
向こうに行ったのね。
ありがとう！
彦星くーん！
タッタ タッタ タッタ。**

子どもたちの反応を
待って、「織姫（裏)」
にして、走るように動
かしながらしまう。

6

彦星

**はあ、向こうには
いなかったよ。**

困った様子で「彦星（表）」を出し、後ろで「織姫（表）」がのぞいているように少し出す。

7

彦星

え？　後ろ？

後ろを振り返ると同時に、「織姫（表）」をさっと引っ込める。

8

彦星

いないよ。

6、**7**を何度かくり返す。

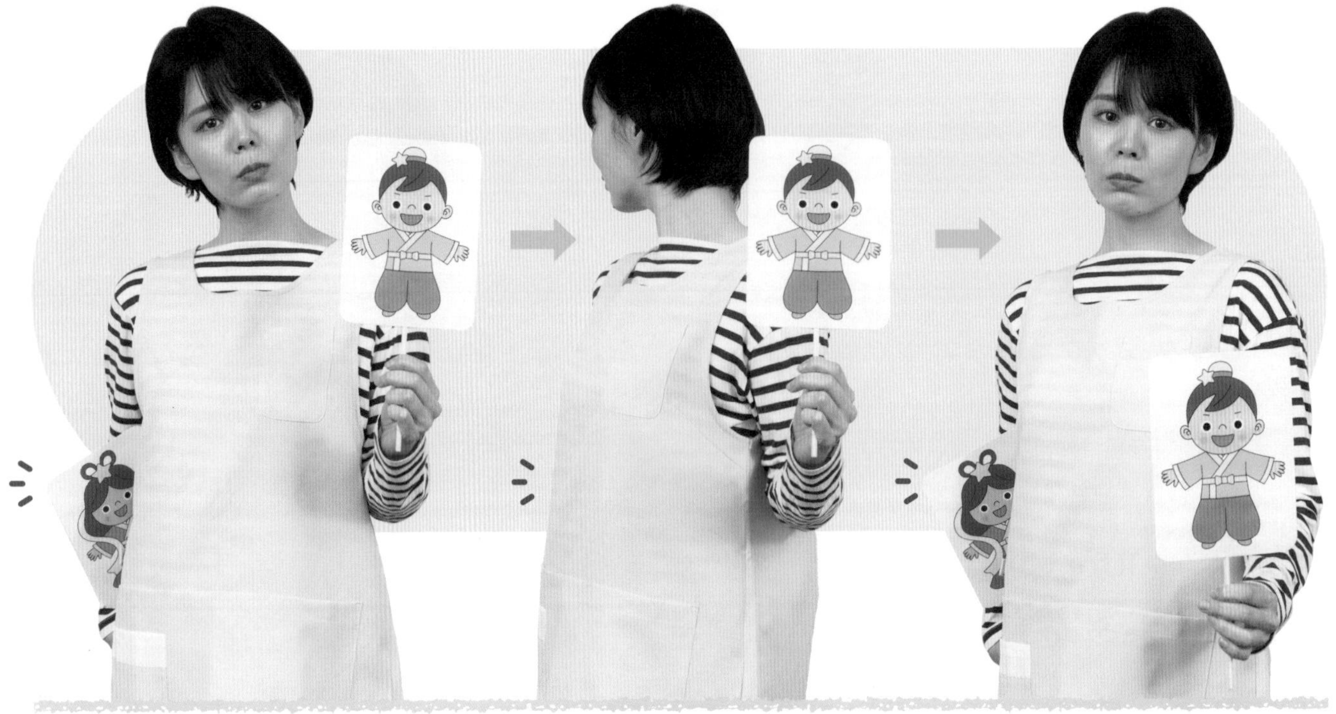

9

彦星

**やっと会えた。けど、あれ？
反対を向いちゃってる！**

「織姫（裏）」と「彦星（裏）」を並べるように出す。

10

保育者

**じゃあ、織姫と彦星の向きを合わせてあげよう。
みんな、「ストップ！」って声をかけてね。
その時、二人の向きが合えばオッケー！
会えるよ。
じゃあ、スタート！**

織姫と彦星を、同時にくるくる回す。

11

保育者 **ピッ！　ピッ！　ピッ！　ストップ！　残念！　もう一度。**

向きが合うまで、「織姫」と「彦星」を回す。

12

保育者 **ストップ！**
やったー、会えた！

織姫 **彦星くん！**

彦星 **織姫ちゃん！**

左右の絵人形を持ち替えて、もう一度回し、向かい合うようにする。

13

彦星 **じゃあ、みんなで短冊に願いごとを書いてね。**

織姫 **私たち、空から**
見ているからね。

保育者 **みんなの願いが**
叶いますように……。
バイバイー！

二人一緒に空に昇っていくように動かす。

これで盛り上がる！

織姫と彦星の物語を、絵本や紙芝居などであらかじめ子どもたちに伝えておくとよいでしょう。向きが合うか合わないかのゲームは、「ストップ！」と言った後も、なかなか止まらなくするなどして、あそんでみてください。

年中行事のシアター
5
夏祭り

紙皿

p.22-25／行事5

魔法の夏祭り

いつもより、ちょっと不思議なシアターを演じて、夏祭りをもっと楽しく、雰囲気を盛り上げましょう。

型紙 p.90

用意するもの

□絵柄一式　□紙皿（18cm・11枚）　※紙皿は、できるだけ浅いタイプのものを選びましょう。

用意する絵柄

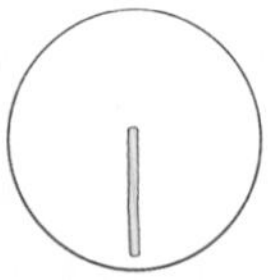
22-25／棒

22-25／綿あめ

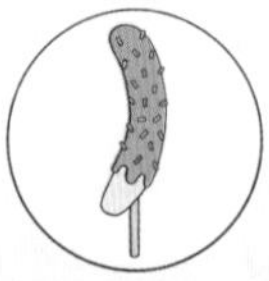
22-25／チョコバナナ

22-25／容器

22-25／かき氷

22-25／ポイ

22-25／金魚

22-25／袋に入った金魚

22-25／うちわ

紙皿の組み合わせ

紙皿Ａ…棒＋綿あめ
紙皿Ｂ…棒＋チョコバナナ
紙皿Ｃ…容器＋かき氷
紙皿Ｄ…ポイ＋金魚＋袋に入った金魚
紙皿Ｅ…棒＋うちわ

作り方

①紙皿にそれぞれの絵柄を貼る。棒は３枚分作っておく。
②紙皿の中心に小さな穴を開けて、ふちから穴に向かって、１か所切り込みを入れる。

シアターPoint！

- 棒の絵からはじまるものは、同じ紙皿を使うとスムーズに進まないので、「棒」は３枚分用意します。
- はじめる前に紙皿Ａ～Ｅをセットしておきましょう。
- 紙皿をすばやく回すのがコツです。
- 子どもたちが呪文を唱えている間、紙皿をスムーズに回せるようにしましょう。

1

保育者

今日は夏祭りです。だけど、ここは不思議な屋台なんです。まず最初はこれ。棒だね。

紙皿Ａを出して、「棒」を見せる。

2

保育者

**「ちちんぷいぷいのぷーい！」と
魔法をかけると、
不思議なことが起こるよ。
じゃあ、みんなで、
せーの！
「ちちんぷいぷいのぷーい！」**

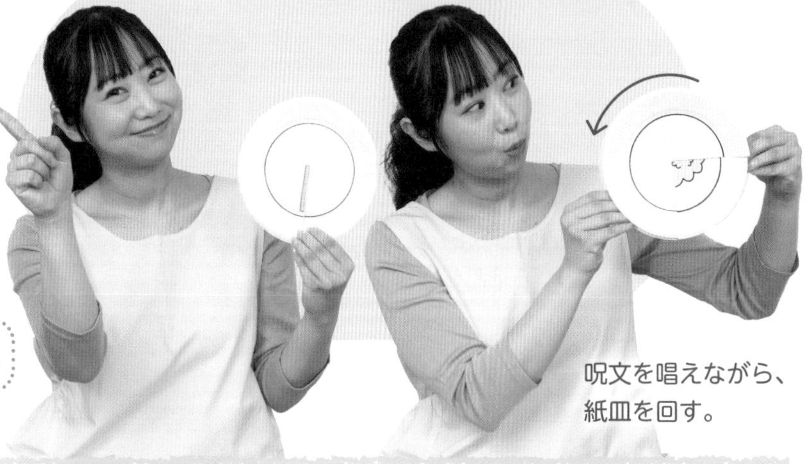

ちちんぷいぷいのぷーい!

ちちんぷいぷいのぷーい!

呪文を唱えながら、
紙皿を回す。

3

不思議
だね!

保育者

**わあ！　綿あめになりました。
棒だけだったのに、不思議だね。**

「綿あめ」を見せて、紙皿Ａをしまう。

4

保育者

**さあ、次もまた棒です。
これも魔法を
かけてみようよ！
みんなで、せーの！
「ちちんぷいぷいのぷーい！」**

ちちんぷいぷいのぷーい!

紙皿Ｂを出して
「棒」を見せる。

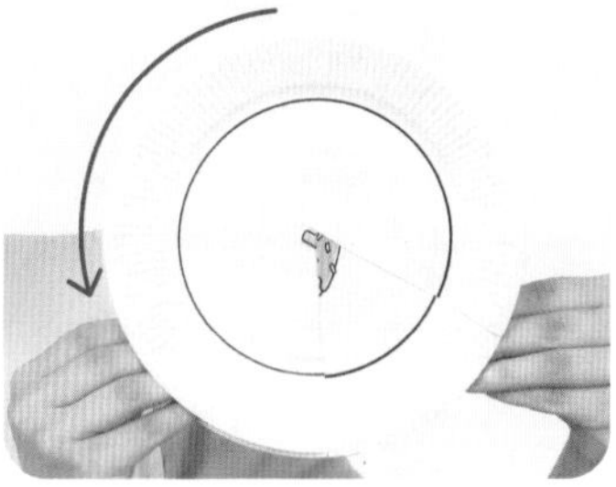

呪文を唱えながら紙皿を回す。

5

保育者

**わあ！　チョコバナナになりました。
みんなで食べよう。
はい！　どうぞ、どうぞ。
パクパクパク。おいしいね。**

「チョコバナナ」を
見せて、子どもたち
にあげたり、食べる
まねをしたりする。
紙皿Ｂをしまう。

6

保育者

次はこれ。あれ？　空っぽだね。
でも大丈夫！
魔法をかけてみましょう。
みんなで、せーの！
「ちちんぷいぷいのぷーい！」

紙皿Ｃを出して「容器」を見せ、
呪文を唱えながら紙皿を回す。

ちちんぷいぷいのぷーい！

ちちんぷいぷいのぷーい！

7

保育者

わあ！　かき氷が出てきました。
じゃあ、いただきまーす！
シャリシャリシャリ！
冷たくて、おいしい！

食べたい！

いいなあ！

「かき氷」を見せる。
紙皿Ｃをしまう。

8

保育者

次はこれ。
たくさん食べたから、
金魚すくいであそびましょう。
あれ？　難しい！　おっと！　おっと！
なかなか取れないね！

紙皿Ｄは、一方の手に「ポイ」を、もう一方の手に「袋に入った金魚」の上に「金魚」を重ねて持ち、「ポイ」で「金魚」をすくうふりをする。

9

保育者

やった！　取れました！

「ポイ」を下に重ねて、
すくったように見せる。

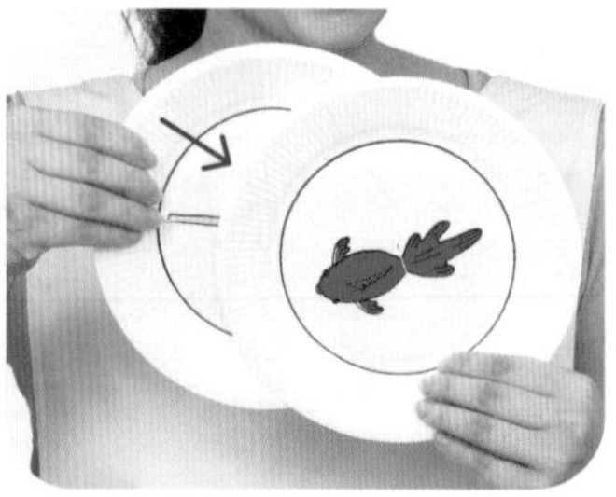

10

保育者

取れたら、袋に入れて、はいどうぞ。

後ろの紙皿２枚をつかみ、同時に回して「袋に入った金魚」を見せる。

11

保育者

では、最後。
また棒が出てきたね。今度は何かな？
みんなで魔法をかけるよ。せーの！
「ちちんぷいぷいのぷーい！」

ちちんぷいぷいの
ぷーい！

せーの！

紙皿Ｅを出して「棒」を見せ、呪文を唱えながら紙皿を回す。

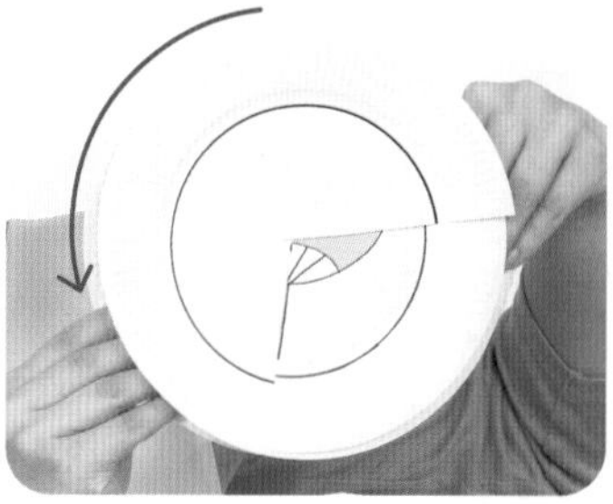

ちちんぷいぷいのぷーい！

12

保育者

わあ！
お祭りのうちわが
出てきました。
じゃあ、
うちわを持って
お祭りに行こう！

「うちわ」を見せる。

おしまい

これで盛り上がる！

３枚重ねているところは、後ろの２枚をつかんで一気に紙皿を回します。切り込みをそろえて重ねるようにしましょう。少し練習が必要ですが、うまくできると子どもたちはびっくりするので、とても盛り上がります。

年中行事のシアター
6
お月見

紙皿

p.26-29／行事6

望遠鏡をのぞいたら

秋の空は高くて、気持ちがいいですね。
子どもたちとお月様を見上げるきっかけになるシアターを考えてみました。

型紙 p.92

用意するもの

□絵柄一式　□紙皿（18cm・12枚）

※紙皿は、できるだけ浅いタイプのものを選びましょう。

用意する絵柄

26-29／望遠鏡

26-29／お月様

26-29／ウサギ

26-29／ウサギの餅つき

26-29／宇宙人

26-29／UFO

26-29／オオカミ男

26-29／月夜

紙皿の組み合わせ

紙皿Ａ…望遠鏡＋お月様
紙皿Ｂ…望遠鏡＋ウサギ
紙皿Ｃ…望遠鏡＋ウサギの餅つき
紙皿Ｄ…望遠鏡＋宇宙人＋UFO
紙皿Ｅ…望遠鏡＋オオカミ男＋月夜

作り方

①紙皿にそれぞれの絵柄を貼る。望遠鏡は５枚分作っておく。
②紙皿の中心に小さな穴を開けて、ふちから穴に向かって、１か所切り込みを入れる。

シアターPoint！

- 最初はどれも望遠鏡の絵からはじまります。同じ紙皿を使うとスムーズに進まないので、「望遠鏡」は５枚分用意します。
- はじめる前に紙皿Ａ～Ｅをセットしておきましょう。
- ウサギが飛び跳ねる様子や餅つきをする動きをしながら演じてみましょう。

1

保育者

望遠鏡をのぞくと、
遠くまでよく見えるんだって。
みんなでのぞいてみましょう。

紙皿Ａを出して、「望遠鏡」を見せる。

何が見えるのかな？

2

保育者

♪ぼうえんきょうを
のぞいたら
なになに　みえる？

『きらきら星』の替え歌を歌いながら、紙皿Ａを回す。

3

保育者

**まんまるのお月様、
きれいだね。**

「お月様」を見せて、紙皿Aをしまう。

4

保育者

次は、何が見えるかな？

**♪ぼうえんきょうを
のぞいたら
なになに　みえる？**

紙皿Bを出し、『きらきら星』の替え歌を歌いながら、回す。

5

保育者

**ぴょん！　ぴょん！　ぴょん！
ウサギが跳ねていました。
じゃあ、みんなも
一緒に跳ねちゃおう！**

ぴょん ぴょん ぴょーん！
ぴょん ぴょん ぴょーん！

ぴょんぴょん！

楽しそう！

「ウサギ」を見せて、紙皿Bをしまう。

6

保育者

**次は、何が見えるかな？
♪ぼうえんきょうを
のぞいたら
なになに　みえる？**

紙皿Cを出して「望遠鏡」を見せる。『きらきら星』の替え歌を歌いながら、回す。

7

保育者

**ぺったん ぺったん ぺったんこ！
ウサギがお餅をついていました。
わあ、おいしそう！**

おもちがおいしそう！

一緒にやりたい

「ウサギの餅つき」を見せる。

8

保育者

**じゃあ、みんなで食べましょう。
パクパクパク。おいしいね。**

食べるまねをして、紙皿Cをしまう。

9

保育者

次は、何が見えるかな？
♪ぼうえんきょうを　のぞいたら
なになに　みえる？

紙皿Dを出して「望遠鏡」を見せる。『きらきら星』の替え歌を歌いながら、回す。

10

保育者

宇宙人がいたー！

宇宙人

地球の皆さん、
こんにちはー！

「宇宙人」を見せる。

11

保育者

宇宙人さん、こんにちは！
ねえねえ、好きな食べものを
教えてもらえますか？

宇宙人

あのね、
卵かけごはんが
好き。

保育者

えー！
びっくり！

12

宇宙人

じゃあ、ＵＦＯに乗って帰るね、
バイバーイ！

さらに紙皿を回し、「UFO」を見せる。飛んでいくように動かし、紙皿Ｄをしまう。

13

保育者

次は、
何が見えるかな？
♪ぼうえんきょうを　のぞいたら
なになに　みえる？

紙皿Ｅを出して「望遠鏡」を見せる。『きらきら星』の替え歌を歌いながら、回す。

14

保育者

あれ？　お月様を見ていたら……。
うーうーうー

オオカミ男 **ガオーー!!**

保育者 **オオカミ男になって**
しまいました。

オオカミ男 **食べちゃうぞー！**

伏し目がちにして、「オオカミ男」を見せると同時に顔を上げる。

15

保育者

みんな、逃げてー！

その場で走るまねをする。

16

保育者

その時、雲がやって来て、お月様を隠しました。すると……。

さらに紙皿を回し、「月夜」を見せる。

17

保育者

あっ！　元に戻った。
よかったー。助かった！
セーフ！　イエス！

18

保育者

望遠鏡をのぞいてみたら、
いろいろなことが起こったね。
みんなも、望遠鏡を
よーくのぞいてみてね。
何が見えるかな？

「望遠鏡」を見せながら。

おしまい

これで盛り上がる！

17の「助かった！　セーフ！　イエス！」のところでは、ややオーバーリアクションで演じると、とても盛り上がります。

年中行事のシアター 7 ハロウィン

ペープサート

p.30-33／行事7

変身！ハロウィン

ハロウィンの日は、みんなでおばけに変身して「おかしをくれないと、イタズラしちゃうぞー」っておどかすんだって。ちょっと楽しいね。どんなものに変身したら、おもしろいかな？

型紙 p.94

用意するもの

□絵柄一式 □画用紙 □割り箸 □テープ

用意する絵柄

30-33／男の子1(表)　30-33／ドラキュラ(裏)　30-33／トマトジュース

30-33／女の子1(表)　30-33／魔女(裏)　30-33／女の子2(表)　30-33／ネコ(裏)　30-33／男の子2(表)　30-33／カボチャ(裏)　30-33／おばけ(表)　30-33／人間(裏)

作り方

①絵柄はそれぞれ、画用紙に貼る。
②表と裏をペアにして、一方の裏面に割り箸をテープでとめ、挟んで貼り合わせる。

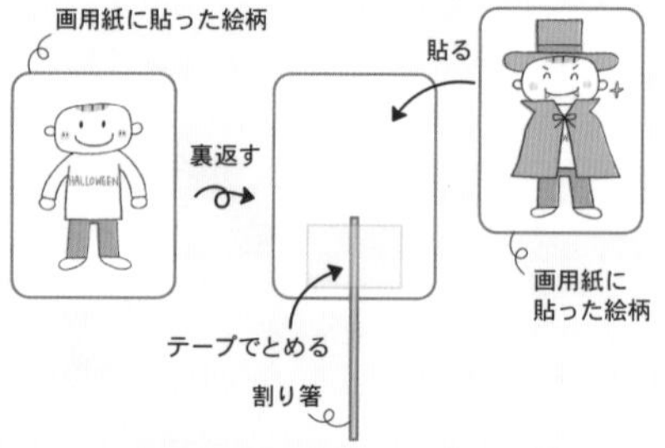

シアターPoint！

✓キャラは多めに作ってあります。年齢に合わせて減らしてみたり、子どもたちに合わせて変えてみたりしてください。

1 男の子1

僕はね、ドラキュラになりたいな。だから帽子をかぶって、マントをつけて、キバをつけるんだ。

2 男の子1

へーんしん！ジャーン！ドラキュラになりました。

「男の子1(表)」を出す。

「男の子1(表)」を裏返して「ドラキュラ(裏)」にする。

3

男の子1

**トマトジュースでかんぱーい!
ごくごくごく、プハー!
みんなで一緒に、「かんぱーい!」**

「トマトジュース」を出し、子どもたちにも促すように、乾杯をする。「ドラキュラ(裏)」と「トマトジュース」をしまう。

4

女の子1

**私は魔女になりたいな。
帽子をかぶって、
ほうきを持って、
黒い服に着替えて……。**

「女の子1(表)」を出す。

5

女の子1

**へーんしん! ジャーン! 魔女になりました。
空を飛んじゃうよ、それー!**

「女の子1(表)」を裏返して「魔女(裏)」にし、飛び立つ動きをして「魔女(裏)」をしまう。

6

女の子2

**私はネコになりたい!
耳をつけて、しっぽでしょ、
ひげでしょ。**

「女の子2(表)」を出す。

7

女の子2

**へーんしん! そうしたら……
大きなネコになっちゃった!**

「女の子2(表)」を裏返して「ネコ(裏)」にする。

8

保育者

**じゃあ、みんなでないてみよう。
せーの! 「にゃー!」
いいねー。**

子どもたちにも促しながら。

9

女の子2

じゃあ、今度は
私に続いて、なきまねをしてね。
「にゃーにゃーにゃー」はい！

にゃーにゃーにゃー

子どもたちとかけ合いながら。

10

女の子2

「にゃにゃにゃにゃ にゃー！」
はい！

にゃにゃにゃにゃ にゃー!

保育者

はくしゅー！
みんな上手に
できました。

「ネコ（裏）」をしまう。

11

男の子2

じゃあ、僕は
カボチャになる！
カボチャをかぶって、
ランタンを持って。

「男の子２（表）」を出す。

ぼくも変身したいな!

12

男の子2

へーんしん！
ジャック・オー・ランタン！
でも、頭が重くて
おっとっと……どて。

ハハハハハ

裏返して「カボチャ（裏）」を出す。おっとっとと跳ねさせるようにし、「どて」のところで転ばせるように動かす。

13

男の子2

重くて、倒れちゃいそうだけど、
でも楽しい！

12 の動きをくり返し、「カボチャ（裏）」をしまう。

14

おばけ

ねえー、
僕もまぜてよ。

「おばけ（表）」を出す。

あっ、おばけ、こわい～！

だいじょうぶだよ

15

保育者

あれ？
もう、おばけになってるの？
真っ白だね。

「おばけ（表）」に注目させながら。

16

おばけ

おばけなんだ、
本物なんだよ。
ほら、浮いちゃうよ。
ふわふわ～。

「おばけ（表）」をふわふわ浮いているように動かす。

わー、不思議！

17

保育者

ぎゃー!!　おばけだー！　こわいよー。

おばけ

大丈夫だよ。変身できるから！
へーんしん！　ボン

「おばけ（表）」を裏返して、「人間（裏）」にする。

へ～んしん！

18

保育者

ほら、人間になったでしょ。
一緒にあそぼうね！
ちょっとこわいけど、
みんなであそぼう！
バイバーイ

おしまい

これで盛り上がる！

12の「おっとっと」のところは大げさに！横に飛び跳ねながら、ずっこけてみてください。子どもたちと笑い合えると思います。

年中行事のシアター
8
イモ掘り遠足

スケッチブック

p.34-35／行事８

おイモはどこに隠れてる？

葉っぱの下に隠れているのは何かな？
サツマイモ掘りを楽しむ前にもおすすめのシアターです。

型紙
p.97

用意するもの

□絵柄一式　□スケッチブック　□マスキングテープ

用意する絵柄

34-35／イモ畑

34-35／モグラ

34-35／テントウムシ

34-35／ミミズ

34-35／小さなサツマイモ

34-35／落ち葉

34-35／ダンゴムシ

34-35／長いサツマイモ

34-35／ネズミ

作り方

①「長いサツマイモ」以外の絵柄はそれぞれ、スケッチブックに貼る。
②「長いサツマイモ」は画用紙に貼り、絵に沿って切り取る。
③「イモ畑」と「落ち葉」は、線に沿って切り込みを入れ、窓の位置に合わせて絵柄を見せる。

シアターPoint！

✔切り込みを入れた紙面が浮いてしまう場合は、マスキングテープを貼ってめくれないようにしましょう。

1
保育者
葉っぱが
たくさんあります。
あれ？　何かが
隠れている
みたいです。

「イモ畑」を見せる。

2
１つずつ掘ってみましょう。
ほって、ほって、ほってー。

左上の窓を開けて、「モグラ」を見せる。

3
隠れていたのは、
モグラさんでした。

モグラ
こんにちは。ちょっと
おイモを探してくるね。

左上の窓を閉じる。

4
行ってしまいました。
次はここ。ほって、
ほって、ほってー。

左下の窓を開けて、「テントウムシ」を見せる。

5
隠れていたのは、
テントウムシさん！

テントウムシ
ちょっと寒くなってきたから
ここで眠ってるところだよ。
春になったらまた……、グー。

左下の窓を閉じる。

6
あら、眠っちゃったね。
次はここ。ほって、
ほって、ほってー。

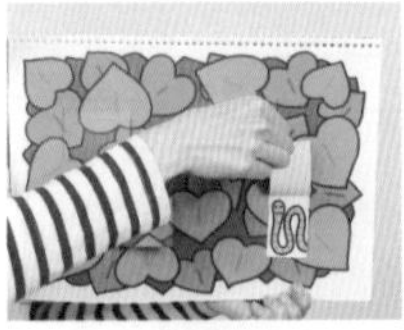

右下の窓を開けて、「ミミズ」を見せる。

7
隠れていたのは、ミミズさん！

ミミズ
やめて～。葉っぱかけてー。
苦手なんだ、お日様が！

右下の窓を閉じる。

8 **最後はここ！　ほって、ほって、ほってー。**

右上の窓を開けて、「小さなサツマイモ」を見せる。

9 **隠れていたのは、おイモでした。でも、小さいね。これから大きくなるから、ここに埋めておきましょう。**

右上の窓を閉じる。

10 **さあ、今度は落ち葉だ。掘ってみましょう。ここを、ほって、ほって、ほってー。**

「落ち葉」を見せる。

右下の窓を開けて「ダンゴムシ」を見せる。

11 **隠れていたのは、ダンゴムシさんでした。**

ダンゴムシ
あっちのほうに大きいサツマイモがあったよー。見てみてね。

右下の窓を閉める。

12 **ありがとう！ こっちかな？ ほって、ほって、ほってー。**

左上の窓を指さし、開けて「ネズミ」を見せる。

ほって、ほって、ほってー

13 **隠れていたのは、ネズミさんでした！**

ネズミ
チューチューチューチュー！

保育者
うわあ！　いっぱい出てきた！みんな、足をバタバタさせてー。

左上の窓を閉める。

14 **ふー、よかった。でも、おイモじゃなかったね。じゃあ、最後はここ！**

右上の窓から「長いサツマイモ」の葉を少し出しておき、指さす。

15 **ちょっと葉っぱが出ているね。引っ張ってみよう。**

「長いサツマイモ」をゆっくり引き出す。

16 **わあああ！どんどん出てきた！**

17 **これなら、みんなで食べられる。焼きイモパーティーだね。**

おしまい

スケッチブック

p.36-39／行事９

動物たちの運動会

誰が一番になるのか、子どもたちに当ててもらいましょう。
それぞれの動物の特徴などを最初に説明してもいいかもしれません。
さあ、動物たちの運動会のはじまりです。

型紙
p.100

用意するもの

□絵柄一式　□スケッチブック（B４・５枚）

用意する絵柄

36-39／運動会１

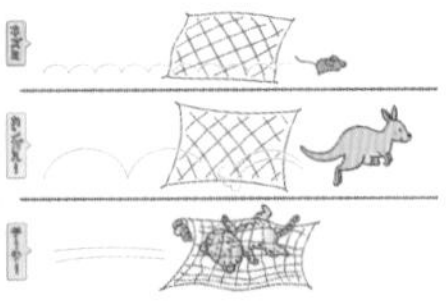
36-39／運動会２

36-39／運動会３

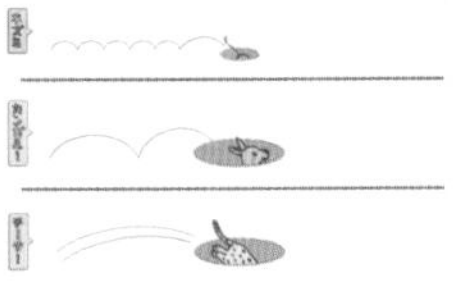
36-39／運動会４

36-39／運動会５

作り方

①スケッチブックに、下記の順で絵柄を貼る。
１枚目…「運動会１」
２枚目…「運動会２」
３枚目…「運動会３」
４枚目…「運動会４」
５枚目…「運動会５」
②５枚をまとめ、左端をホチキスでとめる。
③横線に沿って、はさみで切り込みを入れる。この時、左端まで切り落とさないように。

シアターPoint！

- 実況しながら、お話を盛り上げていくイメージでめくっていきましょう。
- 途中で子どもたちの声援をあおったりしてみてもよいでしょう。

1

保育者

さあ、動物たちのかけっこのはじまりです。

１枚目の「運動会１」を、
別の紙でスタートラインより先を隠して見せる。

2

保育者 第1のコースは、
ネズミ。
ちょこちょこ、
すばやく走ります。

第2のコースは、
カンガルー。
ぴょんぴょん、
ジャンプが得意です。

第3のコースは、
チーター。ビューンと、
はやいスピードで
優勝候補です。

それぞれを指でさしながら。

3

保育者
ネズミが一番だと思う人？
カンガルーが一番だと思う人？
チーターが一番だと思う人？

子どもたちの
反応を待って。

カンガルーかな

チーターがはやいよ！

誰が
一番かな？

4

保育者
それでは
よーい　スタート！

スタート！

「運動会1」に
重ねていた紙を
外す。

あーっと、チーターが一番はやい！
続いてカンガルー、ネズミと続きます。

5

保育者　おーっと、ネズミが追い上げて、
網のすき間をスイスイ走っていきます。
さすがカンガルー！　高いジャンプで
網を越えていきます。

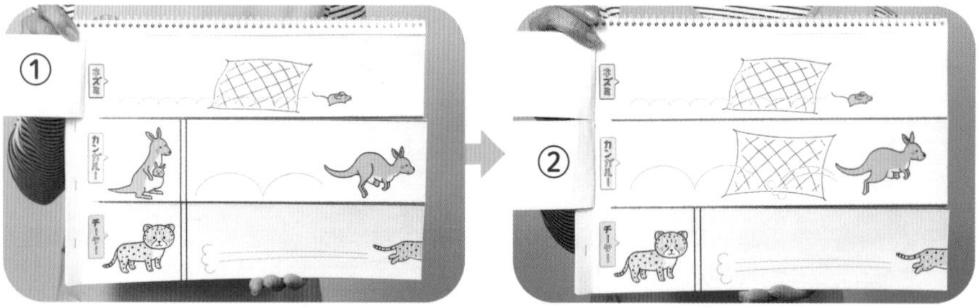

「運動会１」を上から順番にめくっていき、「運動会２」を見せる。

チーターはもう先に
行ってしまったのかな？
わー、大変！　網に
引っかかってしまいました。

6

保育者　さあ、ネズミは平均台もなんのその！
一番でかけ抜けていきます。
カンガルーは、ひとっ飛びで越えたー、さすがです。

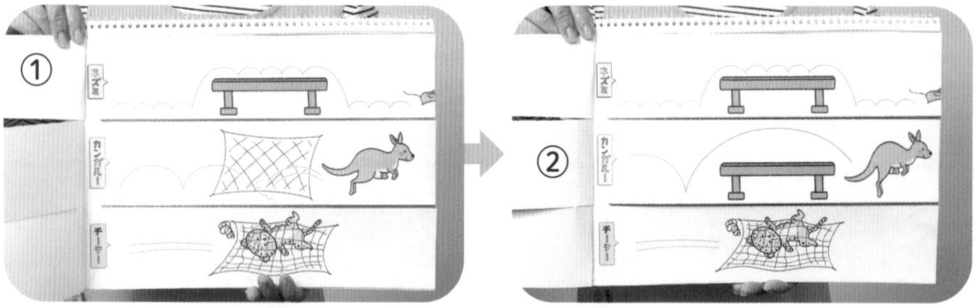

「運動会２」を上から順番にめくっていき、「運動会３」を見せる。

さあ、最後はチーター。
やっと網から
抜け出たようです。

7

保育者　一番だったネズミは、どうか？　おーっと、
穴が空いていて落ちてしまいました。
カンガルーも同じく穴に落ちました。

チーターは、どうでしょうか？
はやさでかけ抜けるか。
チーターも穴に落ちてしまいました。

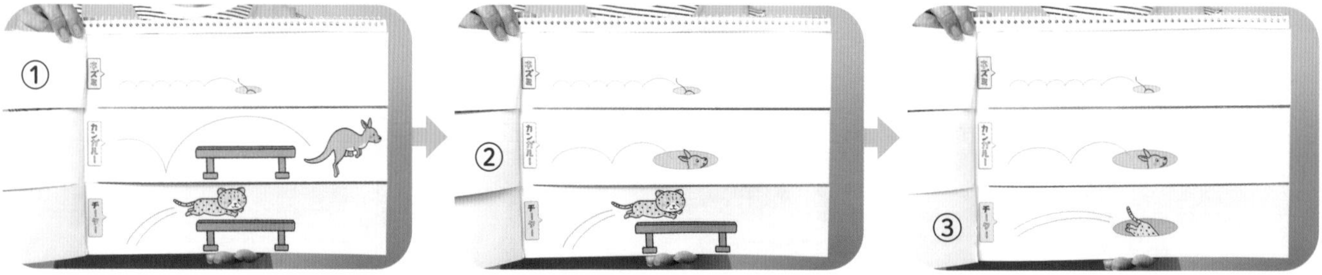

「運動会３」を上から順番にめくっていき、「運動会４」を見せる。

保育者　チーターが穴に落っこチーター！　なんちゃって！
このまま全員失格になってしまうのか！

みんな穴に落ちたー！

8

保育者

**ネズミは、
穴から出られません。**

**チーターはどうか？
やっぱり出られません。**

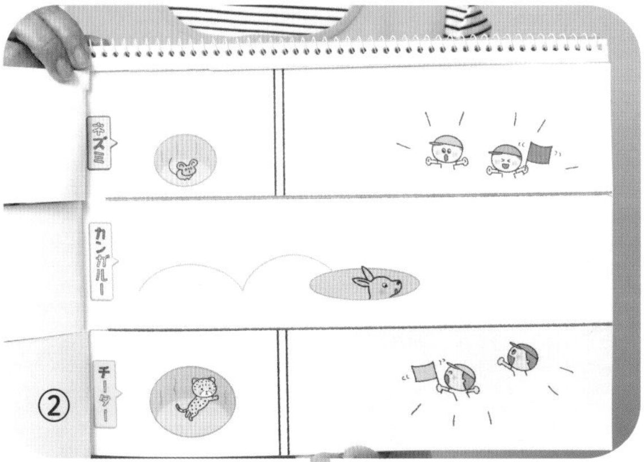

**それでは、
カンガルーはどうか？
あっと！　お腹の赤ちゃんが飛び出して、
ゴールしました！**

「運動会４」をネズミ、チーター、カンガルーの順番でめくっていき、「運動会５」を見せる。

おしまい

9

保育者

**優勝はカンガルーでしたー！
おめでとうー！　カンガルー！**

とっておきアレンジ!!

子どもたちとオリジナルのお話を考えてみましょう。ごはんを途中で食べたり、眠ってしまったり、いろいろなバージョンがあると、さらにおもしろいです。

年中行事のシアター
10
クリスマス

紙皿

p.40-43／行事10

うっかりもののサンタさん

もうすぐクリスマス。サンタさんは、みんなに配るプレゼントの準備で忙しそうです。今日は、サンタさんのお家をのぞいてみましょう。

型紙
p.105

用意するもの

□絵柄一式　□紙皿（18cm・10枚）

※紙皿は、できるだけ浅いタイプのものを選びましょう。

用意する絵柄

40-43／サンタ1

40-43／サンタ2

40-43／サンタ3

40-43／サンタ4

40-43／サンタ5

40-43／車

40-43／トナカイ

40-43／サンタ6

40-43／もみの木1

40-43／もみの木2

作り方

①紙皿にそれぞれの絵柄を貼る。
②紙皿の中心に小さな穴を開けて、ふちから穴に向かって、1か所切り込みを入れる。

シアターPoint！

- サンタさんと演じ手は声色を変えてみましょう。
- 紙皿を前に見せる時はサンタさんになり、紙皿を自分が見る時は演じ手になりましょう。

1

保育者

サンタさんがやってきたよ。

サンタ

ほっほっほ！　メリークリスマス！
今、ちょうど出かけるところだったんだよ。

2

保育者

え？　え？　誰ですか？

サンタ

あー！　これはいけない！
赤い服に着替えていないから、
誰だかわからなかったね！

ほっ
ほっ
ほ！

「サンタ1」と「サンタ2」を重ねて、「サンタ1」を見せる。

「サンタ1」を見せたまま。

3

サンタ
ごめんね。
じゃあ、まずは帽子をかぶって……。
♪ほっほっほ　ほっほっほ
着替えましょう
ほっほっほ　ほっほっほ
クリスマス

『ジングルベル』の替え歌を歌いながら紙皿を回して、「サンタ2」を見せる。

4

サンタ **さあ、出かけよう！**
保育者 **サンタさん、服を着てませんよ！**
みんなで **え〜!!**

え〜!

のけぞるポーズをし、子どもたちもまねをする。

あー、はずかしい!

5

サンタ
ほっほっほ！　うっかり、うっかり！
では、もう一度。
♪ほっほっほ　ほっほっほ　着替えましょう
ほっほっほ　ほっほっほ　クリスマス

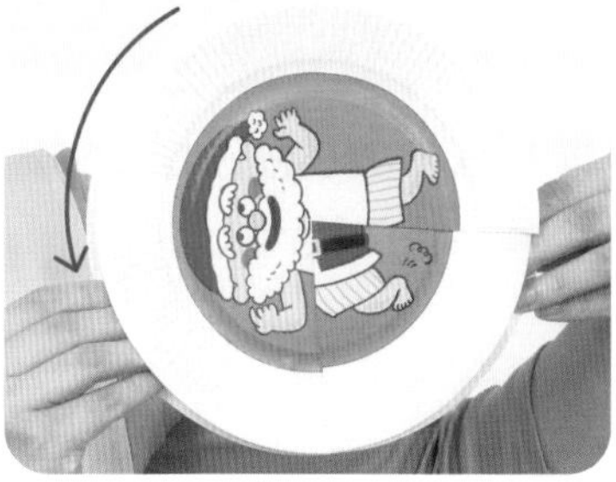

「サンタ2」と「サンタ3」を重ね、『ジングルベル』の替え歌を歌いながら紙皿を回して「サンタ3」を見せる。

6

サンタ **さあ！　出かけよう。**
子どもたちが待って……。
保育者 **サンタさん！**
ズボンをはいてないですよ！
みんなで **え〜!!**

え〜!

はずかしいしぐさをして、子どもたちもまねをする。

もっと、はずかしい!

7

サンタ
ほっほっほ！　うっかり、うっかり！
では、もう一度。
♪ほっほっほ　ほっほっほ　着替えましょう
ほっほっほ　ほっほっほ　クリスマス

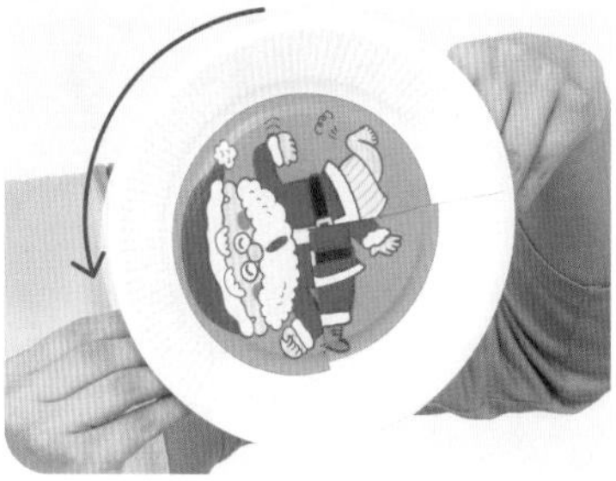

「サンタ3」と「サンタ4」を重ね、『ジングルベル』の替え歌を歌いながら紙皿を回して「サンタ4」を見せる。

8

サンタ　さあ！　出かけよう！

保育者　サンタさん！
帽子が変わってますよ。

みんなで　え～!!

え～!!

のけぞるポーズをして、
子どもたちもまねをする。

でも、なんかおしゃれ～

9

サンタ
ほっほっほ！　うっかり、うっかり！
かわいいじゃろ？

保育者
サンタさん、またまた冗談を！
それー！

「サンタ4」と「サンタ5」を重ね、紙皿を回して「サンタ5」を見せる。

10

サンタ
さあ、これで安心！
じゃあ、出発だ！

♪ほっほっほ　ほっほっほ
着替えましょう
ほっほっほ　ほっほっほ
クリスマス

「サンタ5」と「車」を重ね、歌いながら紙皿を回して、「車」を見せる。

11

保育者
サンタさん！
ソリじゃなくて、これ、車です！

みんなで
え～!!

のけぞるポーズをして、
子どもたちもまねをする。
「サンタ5」と「車」をしまう。

でも、すごくはやそうだよ！

12

サンタ
ほっほっほ！　うっかり、うっかり！
これじゃ、空を飛べないな。もう一度。

♪ほっほっほ　ほっほっほ　ソリでいこう
ほっほっほ　ほっほっほ　クリスマス

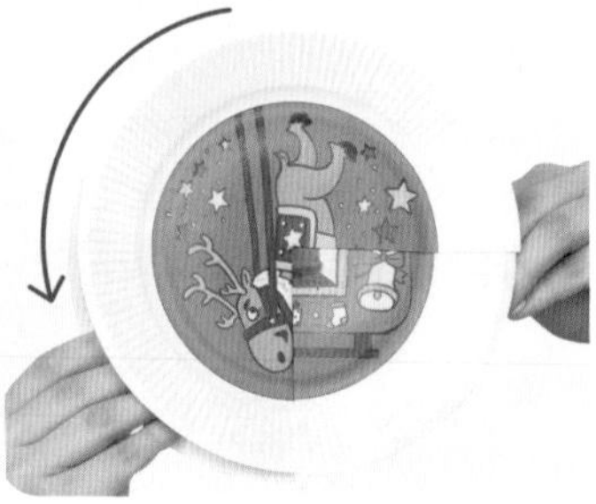

「トナカイ」と「サンタ6」を重ね、「トナカイ」を見せる。その後、歌いながら紙皿を回して、「サンタ6」を見せる。

13

保育者

**やったー!!
さあ、もみの木にも
星を飾って……。**

「トナカイ」と「サンタ6」をしまう。

「もみの木1」と「もみの木2」を重ね、「もみの木1」を見せる。

14

サンタ

**これで準備はオッケー！
さあ、みんなのところに
行くから
待っていてね！**

紙皿を回し、「もみの木2」を見せる。

早くプレゼントほしい～！

15

保育者

**サンタさん、ありがとう。
どうなることかと思ったけど、よかったね！**

**♪ほっほっほ　ほっほっほ
ソリでいこう
ほっほっほ　ほっほっほ
クリスマス**

「サンタ6」と「もみの木2」を見せながら、『ジングルベル』の替え歌を歌う。

これで盛り上がる!

毎回、サンタさんがうっかりした時は、子どもたちと「えー！」とのけぞりながら言うようにすると、より盛り上がります。

スケッチブック

p.44-45／行事11

年中行事のシアター
11
お正月

だるまさんとおじさんがころんだ

伝承あそび「だるまさんがころんだ」を、スケッチブックシアターに取り入れてみました。変なおじさんも出てくるので、いろいろなあそび方をして楽しみましょう。

型紙
p.107

用意するもの

□絵柄一式　□スケッチブック（B4・4枚）

用意する絵柄

44-45／
だるまさん（前）

44-45／
だるまさん（後）

44-45／
おじさん（前）

44-45／
おじさん（後）

作り方　裏返した時に前後になるように、スケッチブックにそれぞれの絵柄を貼る。

シアターPoint！

- タッチに来るまでの距離は、子どもの年齢に合わせて無理のない設定で行いましょう。
- 「おじさんがころんだ」バージョンは4・5歳児向けですが、動作を少なくすれば、2・3歳児でも楽しめます。その場合、タッチができなくても動きを楽しめるように促すとよいでしょう。

1

保育者

だるまさんがやってきました。「だるまさんがころんだ」と言っている間はだるまさんは後ろを向きます。その間にみんなはだんだん近づいてね。

「だるまさん（前）」→「だるまさん（後）」を順番に見せる。

2

保育者

だるまさんが前を向いている時は、動いてはいけません。動いた人は、後ろに下がるよ。だるまさんの絵に最初にタッチした人が勝ちです。では、やってみましょう。

はーい！

裏返して、「だるまさん（前）」をもう一度見せる。

3

保育者

だるまさんがころんだ！

ストップ！

おっとっと！

「だるまさん（前）」と「だるまさん（後）」を、パッと裏返したり、ゆっくり裏返してみたり、テンポを変えて何回かくり返す。

4

保育者

じゃあ次は、
「おじさんがころんだ」で
あそんでみましょう。
ルールは同じです。

「おじさん(前)」を見せる。

5

保育者

でも、おじさんは、ころぶだけでなくて、
いろいろな動きを言うよ。
例えば、「回った」と言ったら、回ってね。

できるかな

回れー！

「歌った」と言ったら、
「♪あーあーあー」と歌ってね。
その動きをしていなかった人は、
後ろに下がってください。

「おじさん（前）」と「おじさん(後)」を、様々な言い方で裏返し、何回かくり返す。

6

保育者

では、スタート！
おじさんが回った！
回って、回って。
……ストップ！

ストップ！

言った動作の動きをつけながら、「おじさん(前)」と「おじさん(後)」を裏返す。最後にタッチされたら、おしまい。

回ってー！

おしまい

これで盛り上がる！

「おじさんが〜」の言い方をいろいろと工夫してみましょう。ほかにも、「おじさんが重なった！」と言って、誰かの後ろに隠れる設定にすると、場が盛り上がります。

年中行事のシアター
12
雪あそび

紙コップ

p.46-47／行事12

雪の中のかくれんぼ

紙コップを使ったシアターです。雪の中に誰かが隠れています。子どもたちと一緒に、クイズを出してあそびましょう。

型紙 p.109

用意するもの

□絵柄一式　□紙コップ（大・6個）

用意する絵柄

46-47／キツネ1　46-47／キツネ2　46-47／ウサギの親子1　46-47／ウサギの親子2　46-47／シロクマ1　46-47／シロクマ2

作り方　紙コップの外面に、それぞれの絵柄を貼る。

シアターPoint！

- ☑ 雪そのものに興味をもったり、冬ならではの自然に触れたりするきっかけにしましょう。
- ☑ みんなで雪の日探検に出かけてみるのもいいですね。

① キツネ

「キツネ1」の上に「キツネ2」を重ねて、見せる。

1

保育者

雪の中に、誰かが隠れています。さあ、誰が隠れているかな？あれ？　耳が見えてるね。

動物かな……？

しっぽも見えてる

2

保育者

だれ？　だれ？　かくれてる？

リズムを取りながら、子どもたちの反応を待って。

3

保育者

正解は……、キツネさんでした！

キツネ

いっぱい走っちゃおう！それー！　バイバーイ！

重ねた紙コップを外して、「キツネ1」を見せる。

② ウサギの親子

1 保育者

**雪の中に、また誰かが隠れています。
さあ、誰が隠れているかな？
あれ？　また、耳が見えてるね。
ウサギかな？**

「ウサギの親子 1」の上に「ウサギの親子 2」を重ねて、見せる。

2 保育者

**だれ？　だれ？
かくれてる？**

リズムを取りながら、子どもたちの反応を待って。

3 保育者

**正解は……あっ！
ウサギの親子
でした！
１匹だと思ったら、
２匹いたね！**

重ねた紙コップを外して、「ウサギの親子 1」を見せる。

4 ウサギの親子

**親子でぴょんぴょん。
みんなも一緒に
せーの！
「ぴょんぴょんぴょん！」
バイバーイ！**

子どもたちと一緒にリズムを取りながら。

③ シロクマ

1 保育者

**あれ？　真っ白だね。
誰も隠れてないかな？**

「シロクマ 1」の上に「シロクマ 2」を重ねて、見せる。

2 保育者

**だれ？　だれ？
かくれてる？**

リズムを取りながら、子どもたちの反応を待って。

3 保育者

**正解は……あっ！
シロクマさんでした！
いないと思ったら、いたね。**

シロクマ

**雪と間違えた？
雪も僕もふわふわだよ。
ふわふわふわ。またねー！**

重ねた紙コップを外して、「シロクマ 1」を見せる。

4 保育者

**楽しかったね。
雪が降ったら、
隠れているものを
探しに行こうね。**

年中行事のシアター
13
ひな祭り

パネル

p.48-51 ／行事13

どれが似合うかな？

いつもの和装で飽きていた男雛くんと女雛ちゃん。二人は一体どんな服が着たかったのでしょうか？　パネルを使って、変身した姿を楽しみましょう。

型紙 p.111

用意するもの

□絵柄一式　□Pペーパー　□パネル布　□パネル板

用意する絵柄

48-51／男雛

48-51／男雛衣装1

48-51／男雛衣装2

48-51／男雛衣装3

48-51／女雛

48-51／女雛衣装1

48-51／女雛衣装2

48-51／女雛衣装3

作り方

①それぞれの絵柄を、Pペーパーにコピーし、線に沿って切り取る。
②①の「男雛」「女雛」以外の裏面に、それぞれカットしたパネル布を貼る。
③パネル布を敷いたパネルを設置する。

▲パネル布の貼り方（裏面）

☑ それぞれのキャラが話す時は、そのキャラを少し揺らしながら話すようにしましょう。

1

保育者

男雛くんと女雛ちゃんが並んでいます。すると、女雛ちゃんが言いました。

パネルに「男雛」と「女雛」を並べて貼る。

2

女雛

ねえ、私たちいつもこの格好だけど、みんなは毎日違う格好をしているでしょう？私たちも着替えてみない？

「女雛」を持ちながら。

3

男雛

いいね！
たまには
着替えてみるのも
いいかもね。

「男雛」を持ちながら。

4

女雛

これはどう？
扇子もフラペチーノにしちゃいました！

「女雛」の着物の上に、「女雛衣装 1」を貼る。

5

男雛

いいね！　じゃあ僕も。
スマホ持って、イエーイ！
はい、チーズ！

「男雛」の着物の上に、「男雛衣装 1」を貼り、写真を撮るまねをする。

6

♪いいね！　いいね！
どっちも　いいね！

歌いながら体を左右に動かし、
「男雛衣装 1」と「女雛衣装 1」を外す。

7

女雛

じゃあ次はね、これはどう？
私はアイドル！　ダンスも歌も大好き！
一緒に踊りましょう。

「女雛」の上に、「女雛衣装 2」を貼り、
マイクで歌うまねをする。

私も歌いたいな

8

男雛

いいね！　じゃあ僕も。
ジャーン！　僕もアイドル！
ポーズを取ったら、キャーって言ってね！

「男雛」の上に、「男雛衣装 2」を貼り、
決めのポーズを取る。

キャー！

9

♪いいね！　いいね！
どっちも　いいね！

歌いながら体を左右に動かし、
「男雛衣装 2」と「女雛衣装 2」を外す。

10

女雛

じゃあ次はね、これはどう？
パティシエよ。おいしいお菓子、
いっぱい作れそうでしょ？

「女雛」の上に、「女雛衣装 3」を貼り、泡立て器で混ぜるふりをする。

11

男雛

いいね！　じゃあ僕も。
僕はサッカー選手。
プロを目指すぞー！

僕もサッカー選手になりたい！

「男雛」の上に、「男雛衣装 3」を貼り、
腕組みをしてかっこいいポーズを取る。

12

♪いいね！　いいね！
どっちも　いいね！

歌いながら体を
左右に動かす。

13

女雛
ああ、楽しかった！
うーん……でも、もうすぐひな祭りだし。

男雛
そうだね。僕たちはあの服じゃないと、
みんなわからないかも。

女雛
前の服がなんか
一番よかったかもね。

14

女雛　やっぱり、これが一番！
男雛　これが一番だね！
♪いいね！　いいね！
どっちも　いいね！

「男雛衣装３」と「女雛衣装３」を
外し、歌いながら体を左右に動かす。

15

保育者
じゃあ、
みんなバイバーイ！

おしまい

とっておき アレンジ！！

ほかにもいろいろな服に着せ替えてみたり、子どもたちと着せ替えあそびをしながら楽しんだりしてもいいですね。

どっちもいいね

作詞・作曲／鈴木 翼

年中行事のシアター 14
お別れ会

紙皿

p.52-55／行事14

こんなに大きくなりました

春は成長の季節。大きくなったことに喜びを感じられるシアターです。
成長したことをみんなで祝いましょう。

型紙 p.113

用意するもの

□絵柄一式　□紙皿（18cm・8枚）

※紙皿は、できるだけ浅いタイプのものを選びましょう。

用意する絵柄

52-55／ヒヨコ

52-55／ニワトリ

52-55／アオムシ

52-55／チョウチョウ

52-55／小さな芽

52-55／チューリップ

52-55／赤ちゃん

52-55／子ども

作り方

①紙皿にそれぞれの絵柄を貼る。
②紙皿の中心に小さな穴を開けて、ふちから穴に向かって、1か所切り込みを入れる。

紙皿の組み合わせ

紙皿A…ヒヨコ＋ニワトリ
紙皿B…アオムシ＋チョウチョウ
紙皿C…小さな芽＋チューリップ
紙皿D…赤ちゃん＋子ども

シアターPoint！

- ✔ はじめる前に紙皿A〜Dをセットしておきましょう。
- ✔ 紙皿を回すのに時間がかかる場合は、「〜こんなに大きくなりました！」のところに節をつけて、歌いながらゆっくり回してみてもよいでしょう。

1 ヒヨコ

1

保育者

ヒヨコちゃんも、春になって
ピヨピヨピヨピヨ。
こんなに大きくなりました！

紙皿Aを出して「ヒヨコ」を見せ、紙皿を回す。

かわいいね！

2

保育者

大きくなって、ニワトリさんになりました。
コケコッコー！

「ニワトリ」を見せる。

大きくなった!

ニワトリさんだー!

② アオムシ

1

保育者

アオムシさんも、春になって
モゾモゾモゾモゾ。こんなに
大きくなりました！

紙皿Bを出して
「アオムシ」を見せ、
紙皿を回す。

アオムシさん、こんにちは!

2

保育者

わあ！　チョウチョウさんに
なりました。
ひらひらひらひらー。

「チョウチョウ」を見せ、ひらひら動かす。

羽がはえた!

飛んでいくよ!

③ 小さな芽

1

保育者

**小さかった芽も、
春になって
ムクムクムクムク。
こんなに
大きくなりました！**

紙皿Ｃを出して「小さな芽」を見せ、紙皿を回す。

何になるかな？

早く大きくならないかな？

2

保育者

**小さな芽から、
チューリップが咲きました。
いいにおいがするかな？
うん、いいにおいだね。**

「チューリップ」を見せ、子どものほうに近づける。

赤いお花だ！

いいにおい！

④ 赤ちゃん

1 保育者

**赤ちゃんだったみんなも、
春になって
スクスクスクスク。
こんなに大きく
なりました！**

紙皿Ｄを出して「赤ちゃん」を見せ、紙皿を回す。

小さくてかわいいね！

2 保育者

**じゃあ、このお花をみんなに
プレゼントします。
大きくなったね。おめでとう！**

「子ども」を見せ、「チューリップ」を手に持ち、一緒に前に差し出す。

大きくなったね！

ありがとう！

おしまい

これで盛り上がる!

後ろに紙皿を隠し、ちょっとずつ見せて「あれ？　誰が来たかな？」とクイズ形式にしてもいいでしょう。

とっておきアレンジ!!

ほかにも「オタマジャクシ+カエル」や「卵+魚」など、大きくなるものでいろいろやってみましょう。

年中行事のシアター
15
卒園

スケッチブック

p.56-60／行事15

ありがとう バイバイ またね

卒園にぴったりなスケッチブックシアターです。リズムと歌詞に合わせて、場面を見せていきます。子どもたちと一緒に歌いながら演じてみましょう。

型紙
p.115

用意するもの

□絵柄一式　□スケッチブック（B4・12枚）

用意する絵柄

56-60／シート1

56-60／シート2

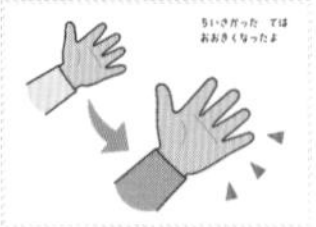
56-60／シート3

56-60／シート4

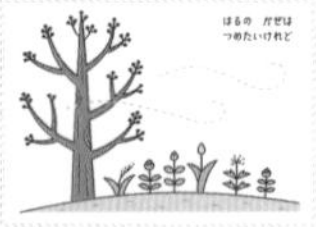
56-60／シート5

56-60／シート6

56-60／シート7

56-60／シート8

56-60／シート9

56-60／シート10

56-60／シート11

56-60／シート12

作り方

スケッチブックに、「シート 1」から「シート 12」まで順番に絵柄を貼る。

シアターPoint！

- サビの部分は、「シート 5」から「シート 8」をくり返し使うので、めくったり戻したりする動作に慣れておきましょう。
- めくるシートがわかるように、番号を書いた付箋などを貼っておくとスムーズです。

1

♪せんせいの　だっこ
さいしょは　ないてた

歌いながら、
「シート 1」を見せる。

2

♪きが　つけば
ほら　なかよしだよ

歌いながら、
「シート 2」を見せる。

3
♪ちいさかった　ては
おおきくなったよ

歌いながら、
「シート 3」を
見せる。

4
♪おてつだいだって
もう　できるよ

歌いながら、
「シート 4」を
見せる。

5
♪はるの　かぜは
つめたいけれど

歌いながら、
「シート 5」を
見せる。

6
♪ちいさな　つぼみが
いま　さいたんだ

歌いながら、
「シート 6」を
見せる。

7
♪みていてね　みんなみんな
ありがとう　バイバイ　またね

歌いながら、
「シート 7」を
見せる。

8
♪だいすきだよ

歌いながら、
「シート 8」を
見せる。

9
♪みんなで　はしって
みんなで　うたった

歌いながら、
「シート 9」を
見せる。

10
♪たくさん　ともだち　できたんだ
しんぱいしないで
ころんだって　へいき
あしたの　あおぞら
かがやいてる

歌いながら、
「シート 10」を見せる。

11

(サビ)

♪はるの　かぜは
つめたいけれど
ちいさな　つぼみが
いま　さいたんだ
みていてね　みんなみんな
ありがとう　バイバイ　またね
だいすきだよ

歌いながら、「シート5」に戻り、「シート8」までを順番に見せる。

♪はるの　かぜは～

12

♪わすれないよ　みんなのこと
わすれないよ　たいせつな　ばしょ

歌いながら、「シート11」を見せる。

♪わすれないよ　みんなのこと～

13

♪みていてね　みんなみんな
ありがとう　バイバイ　またね
だいすきだよ

歌いながら、「シート7」に戻り、「シート8」を見せる。

♪みていてね　みんなみんな～

14

♪ありがとう　バイバイ　またね　だいすきだよ

歌いながら、「シート12」を見せて、「シート8」に戻る。

おしまい

これで盛り上がる!

見てもらう時は、「歌に合わせて揺れてみてね」と声をかけると、ゆったりと見てくれます。歌を録音して曲に合わせて演じてみるのもおすすめです。

♪ありがとう バイバイ またね

作詞・作曲／鈴木 翼

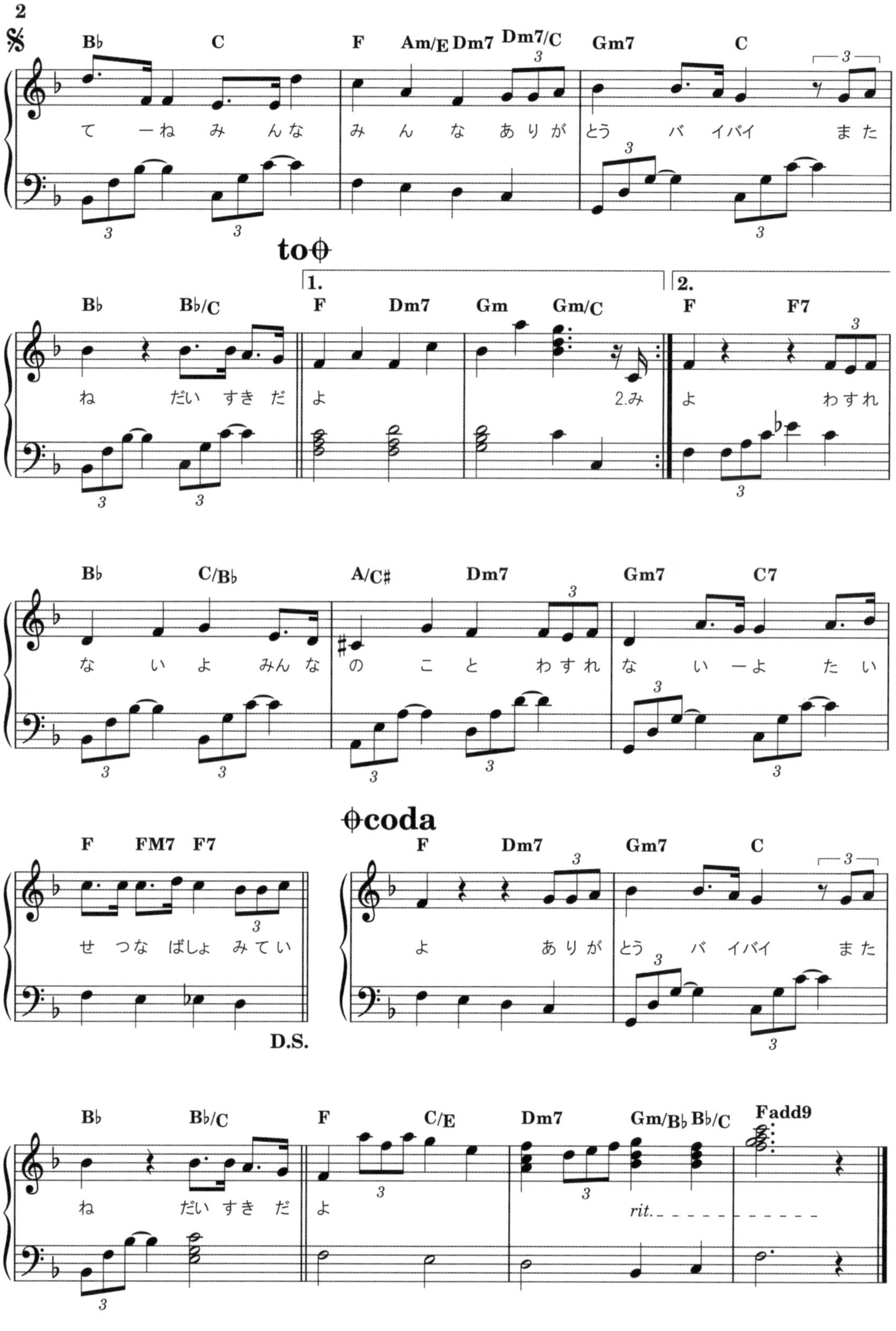
2
B♭ C F Am/E Dm7 Dm7/C Gm7 C
て ーね み んな みん な ありが とう バ イバイ また
to⊕
1.
2.
B♭ B♭/C F Dm7 Gm Gm/C F F7
ね だい すき だ よ 2.み よ わすれ
B♭ C/B♭ A/C♯ Dm7 Gm7 C7
な い よ みん な の こ と わ す れ な い ーよ た い
F FM7 F7
せ つな ばしょ みて い
D.S.
⊕coda
F Dm7 Gm7 C
よ ありが とう バ イバイ また
B♭ B♭/C F C/E Dm7 Gm/B♭ B♭/C Fadd9
ね だい すき だ よ
rit.

季節を問わず、いつでもできる

日常で楽しめるシアター

お昼寝前や雨の日、そして子どもたちが落ち着かない時や
注目してほしい時など、思い立ったらすぐにできるシアターです。
楽しいひとときをたくさん作りましょう。

日常で楽しめるシアター
1
お昼寝前

紙皿

p.62-65／日常1

みんなおやすみ

お昼寝前などにぴったりのシアターです。
静けさに親しむ時間も保育の中にあるといいですね。
無理に静かにさせるのではなく、静けさを楽しむきっかけにしてみましょう。

型紙
p.127

用意するもの

□絵柄一式　□紙皿（18cm・10枚）

※紙皿は、できるだけ浅いタイプのものを選びましょう。

用意する絵柄

62-65／
子ネコ1

62-65／
子ネコ2

62-65／
子イヌ1

62-65／
子イヌ2

62-65／
小鳥1

62-65／
小鳥2

62-65／
シャベル1

62-65／
シャベル2

62-65／
赤ちゃん1

62-65／
赤ちゃん2

紙皿の組み合わせ

それぞれ同じ種類の紙皿を、「1」の絵が上になるように重ねる。

作り方
①紙皿にそれぞれの絵柄を貼る。
②紙皿の中心に小さな穴を開けて、ふちから穴に向かって、1か所切り込みを入れる。

✔ゆったりとした口調で、声は静かめに。子どもが眠くなるような雰囲気を意識しながら演じてみてください。

① 子ネコ

1

保育者

かわいい子ネコちゃんだね。
なんだか眠そうだね。
みんなで、なでなでしてあげようね。

「子ネコ1」と「子ネコ2」を重ねて出す。「子ネコ1」を見せて、なでるふりをする。

2 ♪おやすみ　おやすみ　なーでなで
おやすみ　おやすみ　なーでなで

歌いながら、
紙皿を回す。

3 保育者
あー、寝ちゃったみたい。
よかったね。
おやすみなさい。

寝ている様子で。

② 子イヌ

1 保育者
次は、かわいい子イヌちゃん。
やっぱり眠そうだね。

みんなで、なでなで
してあげようね。

2 ♪おやすみ　おやすみ　なーでなで
おやすみ　おやすみ　なーでなで

「子イヌ１」と「子イヌ２」を重ねて出す。「子イヌ１」を見せて、歌いながら紙皿を回す。

3 保育者
あー、寝ちゃったみたい。
よかったね。おやすみなさい。

寝ている様子で。

③ 小鳥

1 保育者
次は、小鳥ちゃん。
やっぱり眠そうだね。
みんなで、
なでなでしてあげようね。

「小鳥１」と「小鳥２」を重ねて出す。

2 ♪おやすみ　おやすみ　なーでなで
おやすみ　おやすみ　なーでなで

「小鳥 1」を見せて、歌いながら紙皿を回す。

3 保育者
あー、
寝ちゃったみたい。
よかったね。
おやすみなさい。

寝ている様子で。

④ シャベル

1

保育者

シャベルくん。
いっぱいあそんだから、
眠くなっちゃったんだって。
みんなで、なでなで
してあげようね。

「シャベル1」と「シャベル2」を重ねて出す。「シャベル1」を見せて、なでるふりをする。

2

♪おやすみ　おやすみ　なーでなで
おやすみ　おやすみ　なーでなで

歌いながら、紙皿を回す。

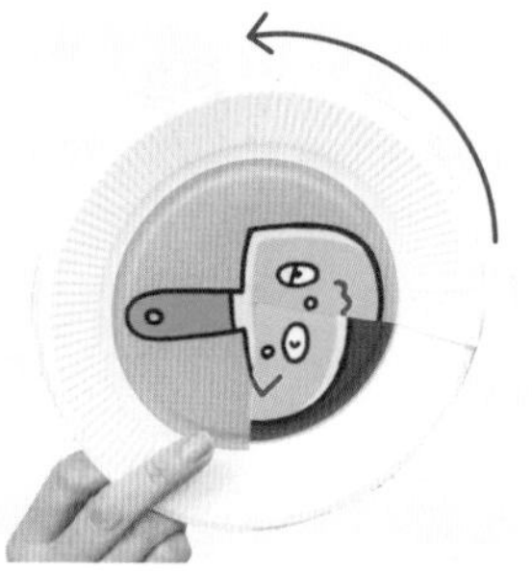

3

保育者

あー、寝ちゃったみたい。
よかったね。
おやすみなさい。

寝ている様子で。

⑤ 赤ちゃん

「赤ちゃん1」と「赤ちゃん2」を重ねて出し、「赤ちゃん1」を見せる。

1

保育者

最後は、赤ちゃん。
えんえーん。泣いています。
どうして、
泣いているのかな？

2

保育者　赤ちゃん

どこか痛いの？「えーん」
お腹すいたの？「えーん」

眠いのかもしれない！
みんなで、なでなでして
あげようね。

子どもの反応を見ながら。

なだめながら、紙皿を回す。

3

♪おやすみ　おやすみ　なーでなで
おやすみ　おやすみ　なーでなで

「赤ちゃん2」を見せ、なでるふりをする。

4

保育者

あー、
寝ちゃったみたい。
よかったね。
おやすみなさい。

寝ている様子で。

5

保育者

そおっと、そおっと。
おやすみな……。

赤ちゃん

「えーん！」

保育者

起きちゃった！

紙皿をもう一度回して、「赤ちゃん1」を見せる。

6

保育者

**みんなで、トントンしてあげて。
いい子、いい子、なでなでなで。**

紙皿をもう一度回して「赤ちゃん 2」を見せ、なでるふりをする。

7

保育者

**あー、よかった！　もう大丈夫！
静かに、静かに。**

寝ている様子で。

8

保育者

ハックション！

赤ちゃん

「えーーん！」

保育者

**起きちゃった！
ごめーん！**

くしゃみをするふりをして紙皿を回し、「赤ちゃん 1」を見せる。

9

保育者

**みんなで、トントンしてあげて。
いい子、いい子、なでなでなで。**

紙皿をもう一度回して「赤ちゃん 2」を見せ、なでるふりをする。

10

保育者

**あー、よかった！
今度こそ、そーっと、そーっと。
おやすみ。
みんなも静かに、おやすみー。**

寝ている様子で。

とっておきアレンジ！！

身の回りにあるものを取り入れていくと、より親近感が湧きます（「ピアノさんも寝ちゃったね」など）。みんなにおやすみをしてあげてくださいね。

おやすみ なでなで

作詞・作曲／鈴木 翼

日常で楽しめるシアター 2
いつでも

パネル

p.66-69／日常 2

えらんで　えらんで

好きなものを子どもたちが選ぶことで、お話が進んでいくパネルシアターです。子どもたちとのやり取りを楽しみながら、演じてみましょう。

型紙 p.129

用意するもの

□絵柄一式　□Pペーパー　□パネル布　□パネル板

用意する絵柄

66-69／ケーキ

66-69／ラーメン

66-69／お寿司

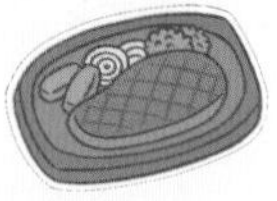
66-69／ステーキ

66-69／変な着ぐるみ

66-69／ヒーロー

66-69／ドレス

66-69／消防士

66-69／風船

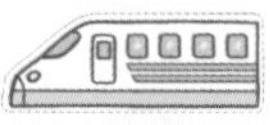
66-69／新幹線

66-69／ロボット

66-69／ぬいぐるみ

66-69／パンダ

66-69／ネコ

66-69／ウサギ

66-69／ゾウ

作り方

①それぞれの絵柄を、Pペーパーにコピーし、線に沿って切り取る。
②パネル布を敷いたパネルを設置する。

シアターPoint！

☑どの場面にも、必ず変なキャラがいます。その子が出てくるたびに、おかしな顔をして指さししてみたり、ずっこけてみたりしてみましょう。

1

♪えらんで　えらんで　えらんで　えらんで
えらんで　えらんで　どれがいいのか
えらんでくださいー

歌いながら、「お寿司」「ラーメン」「ケーキ」「ステーキ」「変な着ぐるみ」を貼る。

2

保育者

今、食べたいのはどれかな？選んでくださーい。

子どもたちに促しながら。

3

保育者

**これがいい人？
こっちがいい人？**

私、ケーキがいいな！

お寿司が食べたい！

子どもたちに問いかけ、絵を１つずつ指さししながら、やり取りする。

4

保育者

**あれ？？
これも食べもの……？**

えー、食べられないよー！

5

保育者

**じゃあ、みんな
食べていいよ。
いただきまーす！
パクパクパクパク、
おいしいね。**

食べるまねをしながら、絵をすべてしまう。

6

**♪えらんで　えらんで　えらんで
　えらんで　えらんで　えらんで
　どれがいいのか
　えらんでくださいー**

歌いながら、「ドレス」「ヒーロー」「消防士」「変な着ぐるみ」を貼る。

7

保育者

どの服を着て出かけたい？

子どもたちに問いかけ、絵を１つずつ指さししながら、やり取りする。

ドレス、かわいい！

あの変なキャラ、またいるよー

8

保育者

じゃあ、好きな服に着替えて、しゅっぱーつ！

ポーズを取ったら、絵をすべてしまう。

9

♪えらんで　えらんで　えらんで
えらんで　えらんで　えらんで
どれがいいのか　えらんでくださいー

歌いながら、「新幹線」「風船」「ロボット」「ぬいぐるみ」「変な着ぐるみ」を貼る。

10

保育者

乗りたいのは、どれかな？

子どもたちに問いかけ、絵を１つずつ指さししながら、やり取りする。

ぬいぐるみって、乗れるの？

乗れないよね？

11

保育者

やったー！
行ってきまーす！

乗っているふりをしながら、絵をすべてしまう。

行ってきまーす！

12

♪えらんで　えらんで　えらんで
えらんで　えらんで　えらんで
どれがいいのか　えらんでくださいー

歌いながら、「パンダ」「ネコ」「ウサギ」「ゾウ」「変な着ぐるみ」を貼る。

保育者
友達になりたいのはどの子かな？

子どもたちに問いかけ、絵を１つずつ指さししながら、やり取りする。

13

保育者
この子？
いや、この子かな？
楽しい!!
あそんじゃおう！

楽しいポーズをしながら、絵をすべてしまう。

14

♪えらんで　えらんで　えらんで
えらんで　えらんで　えらんで
どれがいいのか　えらんでくださいー

保育者　**みんな、みんな大好き！**
選べない！　それでもいいね！

最後は、歌いながら、今まで出てきた絵を貼る。

おしまい

これで盛り上がる!

変なキャラが出てきたら、「いや、これ着れるかーい！」「乗れるかーい！」など、ツッコミを入れながらあそんでみてください。「ズコッ」と言いながらずっこけてもいいですね。

えらんで えらんで

作詞／鈴木 翼　作曲／新沢としひこ

日常で楽しめるシアター 3 いつでも

ペープサート

p.70-73／日常3

だいじょうぶ ズコッ

手あそびが元になったペープサートです。
子どもたちと一緒に手あそびを楽しんだ後に演じてみてもいいですね。

型紙 p.136

用意するもの

□絵柄一式　□画用紙　□割り箸　□テープ

用意する絵柄

70-73／ウサギ(表)　70-73／ウサギ(裏)　70-73／キツネ(表)　70-73／キツネ(裏)

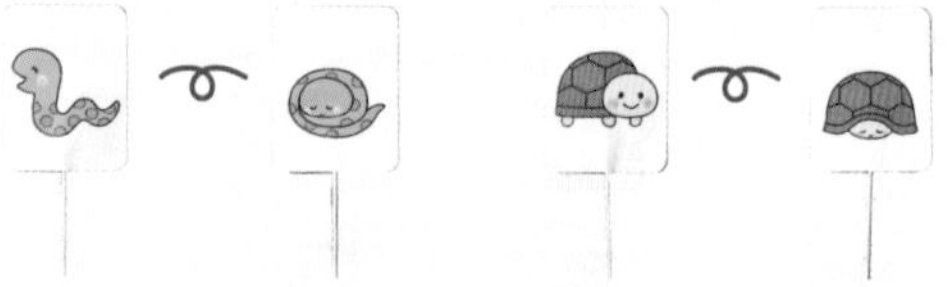

70-73／ヘビ (表)　70-73／ヘビ (裏)　70-73／カメ (表)　70-73／カメ (裏)

70-73／ゾウ (表)　70-73／ゾウ (裏)　70-73／ツバサくん(表)　70-73／ツバサくん(裏)

作り方

①絵柄はそれぞれ、画用紙に貼る。
②表と裏をペアにして、一方の裏面に割り箸をテープでとめ、挟んで貼り合わせる。

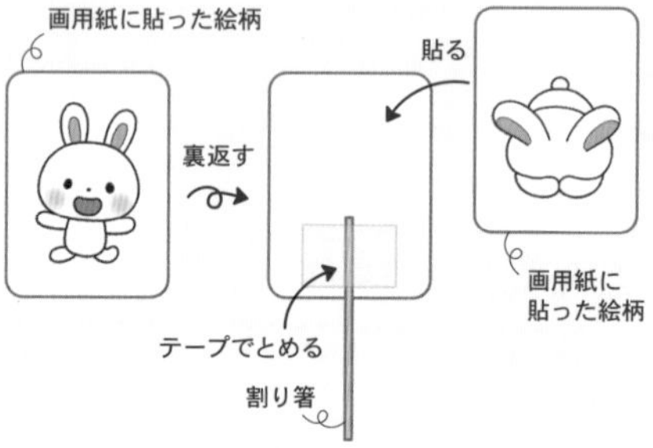

シアターPoint！

- まずは手あそびでやってみましょう。覚えやすいので、くり返しあそんでみてください。
- ずっこけるのが少し恥ずかしい場合は、ペープサートだけでずっこけてもいいです。

① ウサギ

1 保育者

ぴょんぴょん！
こんにちは。
ウサギさんが
やって来ました。

「ウサギ (表)」を見せる。

わー、かわいい！

2 ♪うさぎさんが
まるまった！

歌いはじめに裏返して、「ウサギ(裏)」を見せる。

3 ♪どうしたの？　だいじょうぶ？　みんなで　きいてみよう「だいじょうぶ？」

心配しているような
様子で。

4 ♪だいじょうぶでーす！

裏返して、「ウサギ（表）」にする。

5 ♪だいじょうぶなのかい！　ズコッ

ツッコミを入れて、
ずっこける動きで。

② キツネ

1

保育者

**コンコン！
こんにちは。
キツネさんが
やって来ました。**

「キツネ（表）」を見せる。

2 ♪きつねさんが　まるまった！

歌いはじめに裏返して、「キツネ（裏）」を見せる。

3 ♪どうしたの？　だいじょうぶ？　みんなで　きいてみよう「だいじょうぶ？」

心配しているような
様子で。

4 ♪だいじょうぶでーす！

裏返して、「キツネ（表）」にする。

5 ♪だいじょうぶなのかい！ ズコッ

ツッコミを入れて、
ずっこける動きで。

ほかの生き物でも同様にくり返す。

3 ヘビ

するする　こんにちは！
ヘビさんがやって来ました。

4 カメ

のそのそ　こんにちは！
カメさんがやって来ました。

5 ゾウ

どしどし　こんにちは！
ゾウさんがやって来ました。

6 子ども

1 保育者

**トコトコ。
ツバサくんが
やって来ました。**

「ツバサくん（表）」を見せる。クラスの子や誕生日の子の名前を呼んでも。

2

**♪ツバサくん
（○○くん〔ちゃん〕）が
まるまった！**

歌いはじめに裏返して、「ツバサくん（裏）」を見せる。

3

**♪どうしたの？
だいじょうぶ？
みんなで　きいてみよう。
「だいじょうぶ？」**

心配しているような様子で。

4

**♪だいじょうぶ
でーす！**

裏返して「ツバサくん(表)」にする

5

**♪だいじょうぶ
なのかい！
ズコッ**

ツッコミを入れて、ずっこける動きで。

6 保育者

**みんな大丈夫だったね。
よかったね！**

これで盛り上がる!

ズコッと横に倒れる動きは、子どもたちは好きです。周りに物がないか気をつけて、大げさにずっこける動きとともに演じてみましょう。

とっておきアレンジ!!

子どもたちが自分のイラストを描いて、まるで自分自身が登場しているかのようにあそぶのも楽しいです。絵は、動物でも乗りものでも、丸まったらおもしろいものを子どもたちと一緒に探してみてください。

♪ だいじょうぶ ズコッ

作詞・作曲／鈴木 翼

日常で楽しめるシアター 4 いつでも

ペープサート

p.74-77 ／日常４

かみなりどんがやってきた

見るだけでなく、子どもたちも一緒に参加してあそぶシアターです。
「かみなりどんがやってきた」の手あそびで盛り上がりましょう。

型紙 p.139

用意するもの

□絵柄一式　□画用紙　□割り箸　□テープ

用意する絵柄

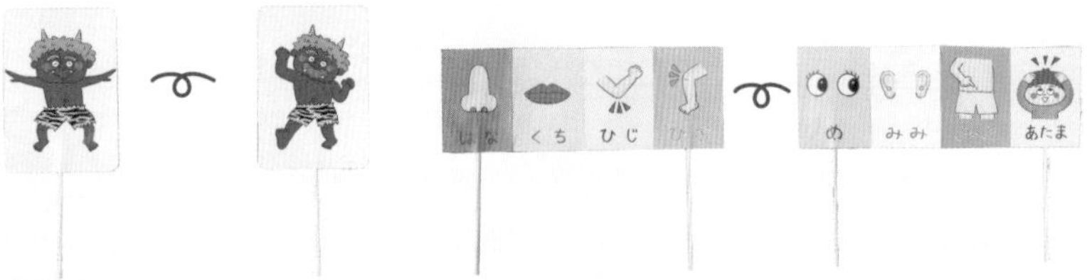

74-77／かみなりどん（表）　74-77／かみなりどん（裏）　74-77／じゃばら折り（表）　74-77／じゃばら折り（裏）

作り方

絵人形（かみなりどん）

①絵柄はそれぞれ、画用紙に貼る。
②表と裏をペアにして、一方の裏面に割り箸をテープでとめ、挟んで貼り合わせる。

じゃばら折り

①どちらか一方の裏面の両端に、割り箸をテープでとめる。
②２枚を貼り合わせ、線に沿ってじゃばら折りにする。

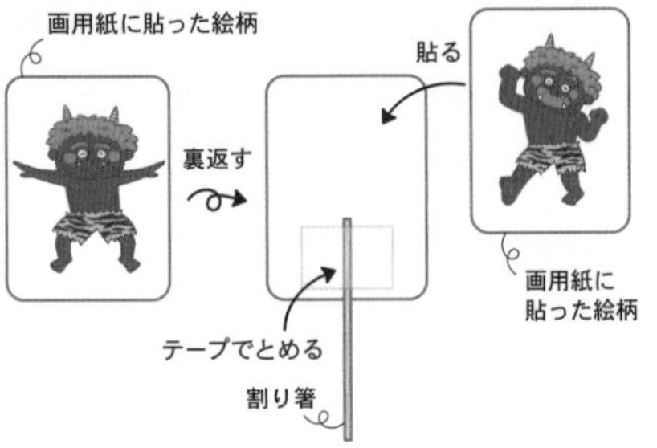

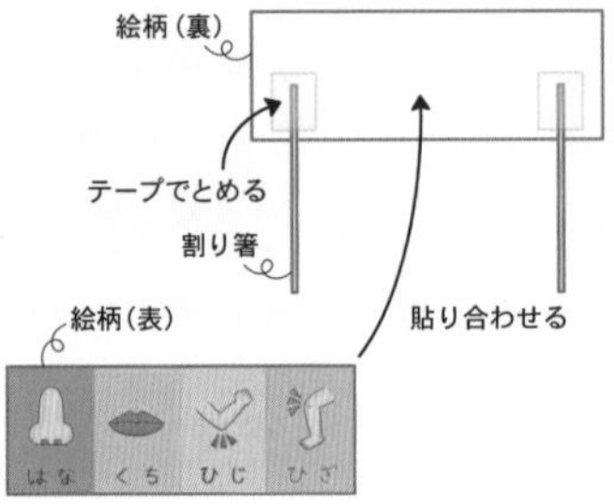

シアターPoint！

- まずは手あそびでやってみましょう。
- 「セーフ！」「イエス！」の時は、さっと裏返して視覚的にも伝わるようにしましょう。

子どもたちとやり取りする。

1

保育者

**みんな！
かみなりどんが
やって来たよ。**

「かみなりどん（裏）」を見せる。

わー、鬼さんだ！

2

保育者

**このかみなりどんは、
おへそだけじゃなくて、
いろいろなところを
取ろうとするよ。
みんな、これから言う
場所を隠してね。**

取られるのはいやー！

3

♪かみなりどんが　やってきた
ドンドコドン　ドンドコドン
かくさないと　とられるぞ
ドンドコドンドンドン　かくすのは？

リズムよく
手あそびをしながら。

4

♪「め！」

目を隠す。

5

保育者

隠してー!!
♪「セーフ！」「イエス！」

「セーフ！」の時に「かみなりどん(表)」を見せ、「イエス！」の時に「かみなりどん（裏)」を見せる。

セーフ！　イエス！

6

保育者

今度は２つだよ！
隠すところが増えていくよ！

難しそうー！

「かみなりどん(裏)」を見せたまま、２本指で示す。

7

保育者

また、かみなりどんがやって来たよ。
みんな、これから言う場所を隠してね。

子どもたちとやり取りする。

どこを隠すの？

8 ♪かみなりどんが　やってきた
ドンドコドン　ドンドコドン
かくさないと　とられるぞ
ドンドコドンドンドン　かくすのは？

手あそびをしながら、「じゃばら折り（表）」の鼻を見せる。

9 ♪「はな！」
「くち！」

10 保育者

隠してー!!
♪「セーフ！」「イエス！」

「セーフ！」の時に「かみなりどん（表）」を見せ、
「イエス！」の時に「かみなりどん（裏）」を見せる。

11

保育者

みんな、うまいうまい！
今度は３つ隠すよ！

「かみなりどん（裏）」を見せたまま、
３本指で示す。

12 ♪かみなりどんが　やってきた
ドンドコドン　ドンドコドン
かくさないと　とられるぞ
ドンドコドンドンドン　かくすのは？

手あそびしながら、9と同様に、
隠す場所をじゃばら折りの絵で示す。

13 保育者
全部、隠せたかな？
♪「セーフ！」「イエス！」

「セーフ！」の時に「かみなりどん（表）」を見せ、「イエス！」の時に「かみなりどん（裏）」を見せる。

これで盛り上がる!

隠す場所がどんどん増えていく、じゃばら折りのしかけが楽しいです。

●隠し方の例

♪ かみなりどんがやってきた

作詞／熊木たかひと　作曲／鈴木 翼

クリアファイル

p.78-79 ／日常 5

日常で楽しめるシアター

5

いつでも

雨が降ってきた

散歩に行く前など、ちょっとした時間に演じられる、
雨の季節にもぴったりのシアターです。
天気の変化がおもしろいので、子どもたちと楽しみましょう。

型紙 p.140

用意するもの

□絵柄一式　□クリアファイル（A４・４枚）□油性ペン

用意する絵柄

78-79／晴れ　78-79／雨雲　78-79／弱い雨　78-79／強い雨　78-79／カミナリ

作り方

①「晴れ」と「雨雲」を表裏に貼り合わせる。
②１枚のクリアファイルに①を挟む。
③「弱い雨」「強い雨」「カミナリ」の絵を、３枚のクリアファイルにそれぞれ挟み、油性ペンでなぞる。１枚ずつのフィルムになるように切り取る。

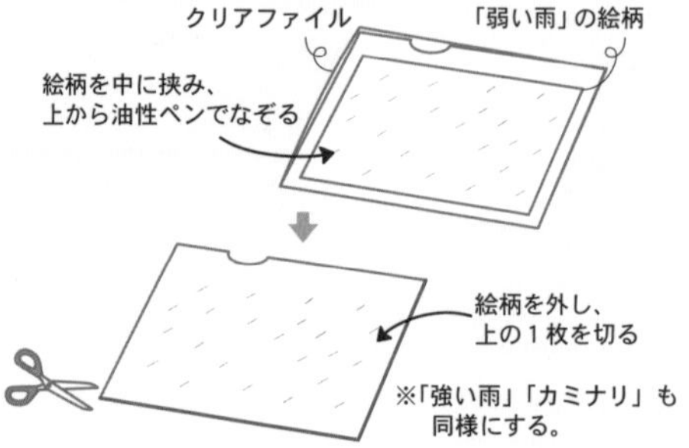

シアターPoint！

✔晴れたり、雨が降ったり、というくり返しは、子どもは大好きです。

✔子どもたちの反応などに合わせて、最後は晴れるという展開だけがあれば、シナリオ通りに演じなくても大丈夫です。

1

保育者

さあ、みんなで散歩に行こう！

「晴れ」を見せる。

2

保育者

あれ？　ちょっと待って！
くもってきたよ。

裏返して「雨雲」を見せる。

3

保育者

あっ！　雨が降ってきた！

「雨雲」の上に、
「弱い雨」を重ねる。

ぬれちゃうよー！

4

保育者

すごい雨だ。
戻らなきゃ、
ぬれちゃう。
大変だ。

さらにその上に、
「強い雨」を重ね、
大きく動かす。

5

保育者

あっ！　雨がやんだ！
よかった。晴れたね。
じゃあ、散歩に
出かけましょう。

裏返して、
「晴れ」を見せる。

晴れて、よかった！

6

保育者

あれ？
また雨が降ってきた！
みんな、傘さして！

裏返して、「弱い
雨」を重ねた「雨
雲」を見せる。

傘、傘！

7

保育者

すごい雨だ。これじゃだめだ。
戻って！

その上に「強い雨」を重
ねて大きく動かし、5～
7 を何度かくり返す。

8

保育者

ゴロゴロ、ピカッ、ドーン！
大変だ。カミナリだー！
嵐だ、大変だ !!
みんな隠れて！

さらに「カミナリ」を
重ねて、もっと困った
様子で。

9

保育者

あー、よかった！　晴れました。
さあ、また散歩に行こう。
公園にしゅっぱーつ！

裏返して「晴れ」を見せる。

しゅっぱーつ！

おしまい

これで盛り上がる！

シアターに慣れたら、実際に外に出て、ごっこあそびのように「雨だー」と言って、遊具の下に隠れてあそんでみてもいいですね。子どもたちが飽きるまでくり返しやってみてください。

スケッチブック

p.80／日常6

日常で楽しめるシアター 6 いつでも

はい、チーズ！

子どもたちが集まった時や活動の前などに役立つシアターです。
スケッチブックのスマホのカメラであそびましょう。

型紙 p.143

用意するもの

□絵柄一式　□スケッチブック（B4・2枚）

用意する絵柄

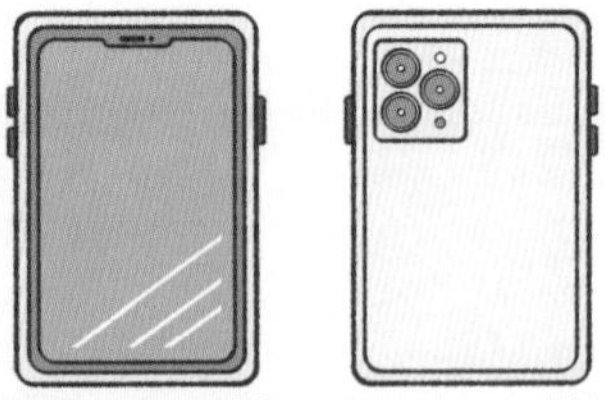

80／スマホ（表）　80／スマホ（裏）

作り方

裏返した時に前後になるように、スケッチブックにそれぞれの絵柄を貼る。

シアターPoint！

- うまく誘導して、撮影する範囲を決めます。
- そこに集まって写真や動画を撮るという、ゲーム性のあるあそび方で盛り上がります。

1 保育者

これはスマホです。
「はい、チーズ！」で
好きなポーズをしてみてね。

「スマホ（表）」を見せる。

2 保育者

じゃあ、撮りますよ。
3・2・1　はい、チーズ！
カシャ!!

「スマホ（裏）」で撮るまねをする。

3 保育者

今度は、こっちだよ。
5・4・3・2・1
はい、チーズ！

向きを変えて子どもたちを誘導し、撮るまねをする。

4 保育者

じゃあ、今度は動画を
撮りますよ！
ウサギになって跳ねてー！
オッケー！

「スマホ（裏）」を見せたまま、動画を撮るまねをする。

5 保育者

最後はみんな集まって、
変なポーズで撮るよ。
3・2・1　ポーズ！
撮れました！
おもしろかったね。

「スマホ（裏）」を見せたまま、撮るまねをする。

おしまい

とっておきアレンジ!!

かわいいポーズやかっこいいポーズ、ヒーローになってなど、いろいろなポーズや設定で写真や動画を撮ってもおもしろいですね。

型紙集［コピー用］

本書で紹介しているシアターのコピー用型紙です。
必要な大きさにコピーしてお使いください。

p.8-11 不思議な はじめまして

★拡大コピーの目安は200％です（A4のクリアファイル使用時）。

●自分の名前

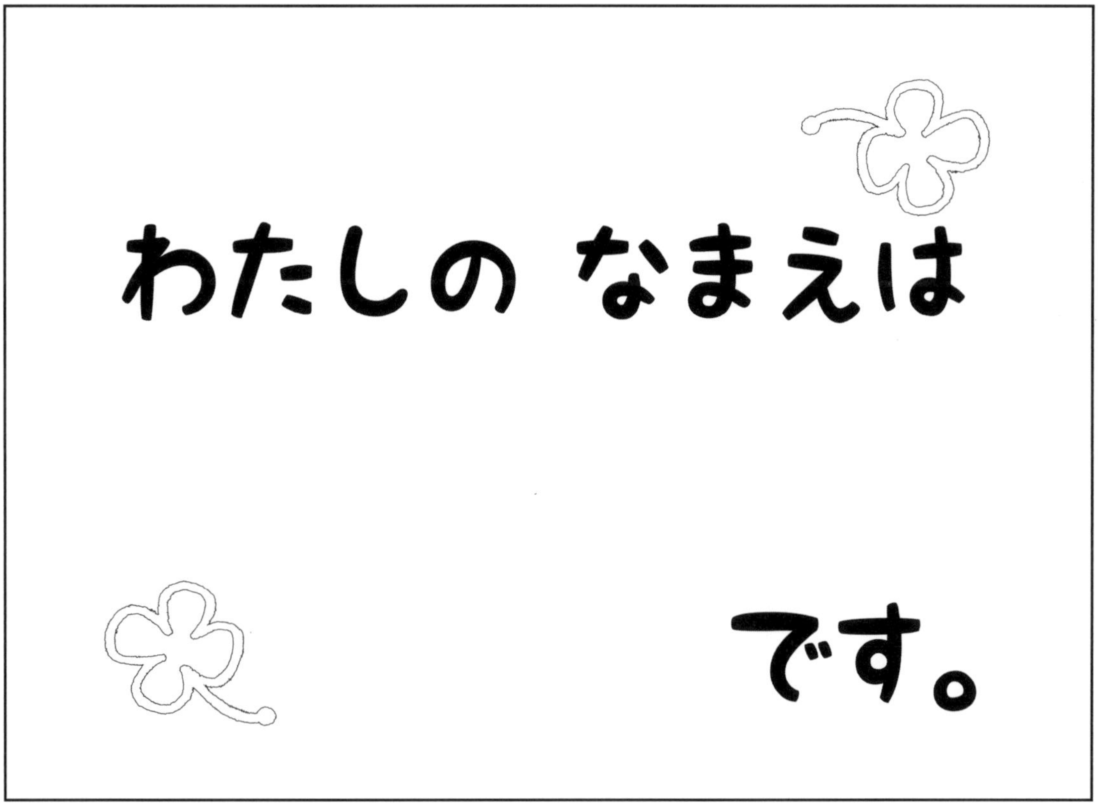

●好きな食べもの

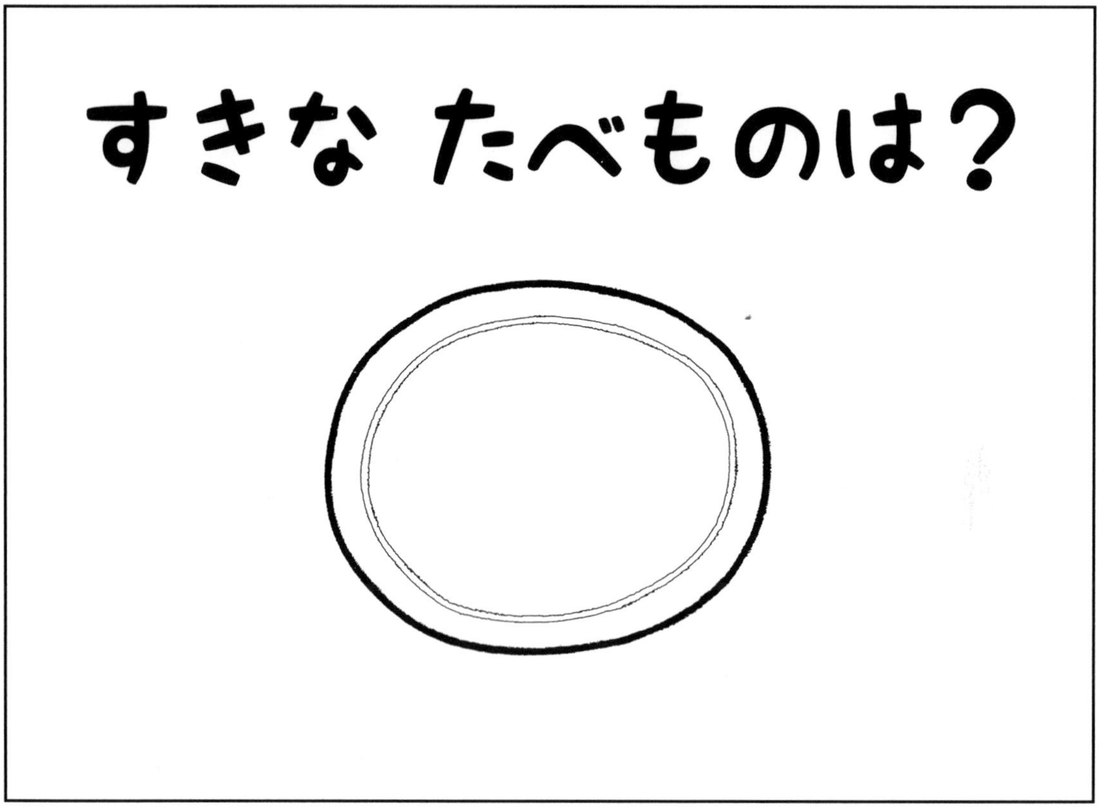

●好きな動物

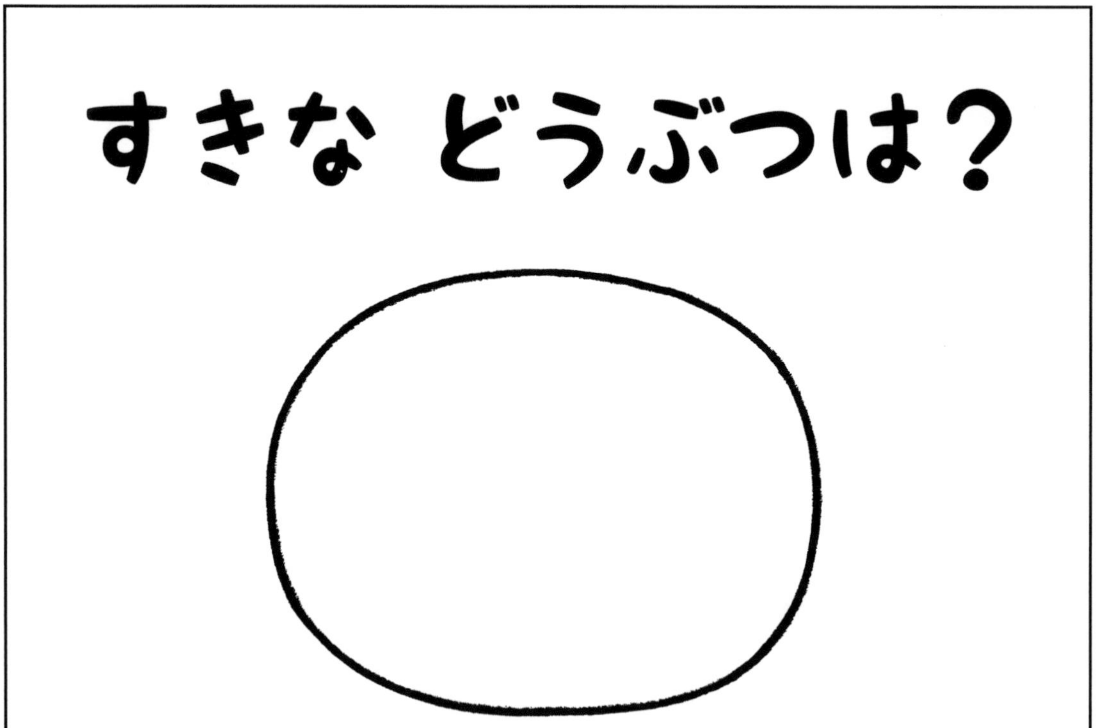

●好きな色

すきな いろは？

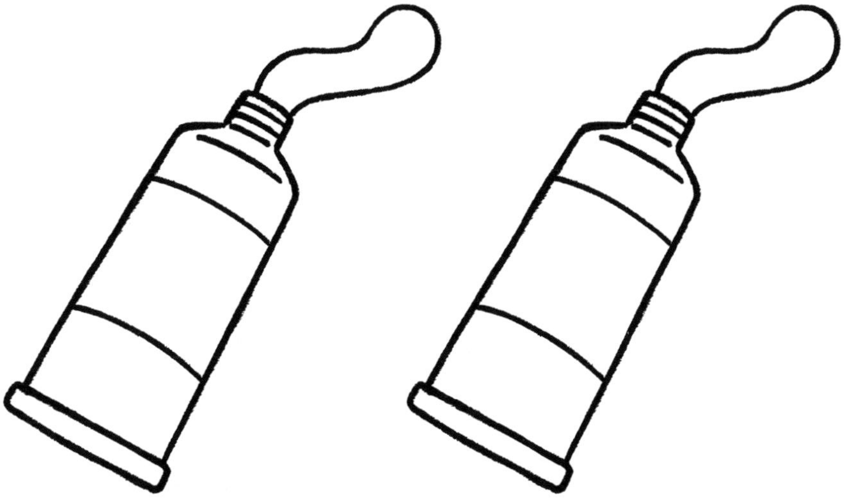

●好きなあそび

ごっこが すき

p.16-17 お誕生日パフェでおめでとう

★拡大コピーの目安は170%です（B4のスケッチブック使用時）。

●イチゴパフェ

●容器だけ

●メロンパフェ

●全部ない

●お誕生日パフェ

p.18-21 なかなか会えない七夕様

★拡大コピーの目安は200%です。

●織姫（表）

●織姫（裏）

●彦星（表）

●彦星（裏）

p.22-25 魔法の夏祭り

★拡大コピーの目安は140％です（直径18㎝の紙皿使用時）。

●棒

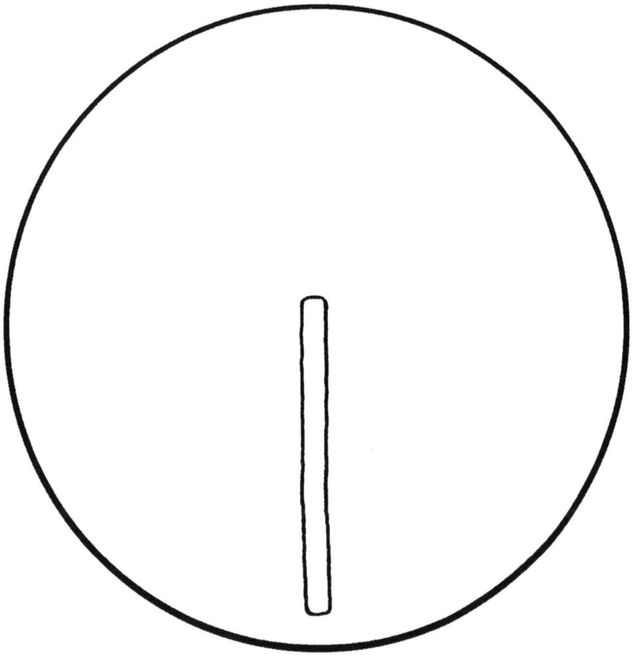

●綿あめ

●チョコバナナ

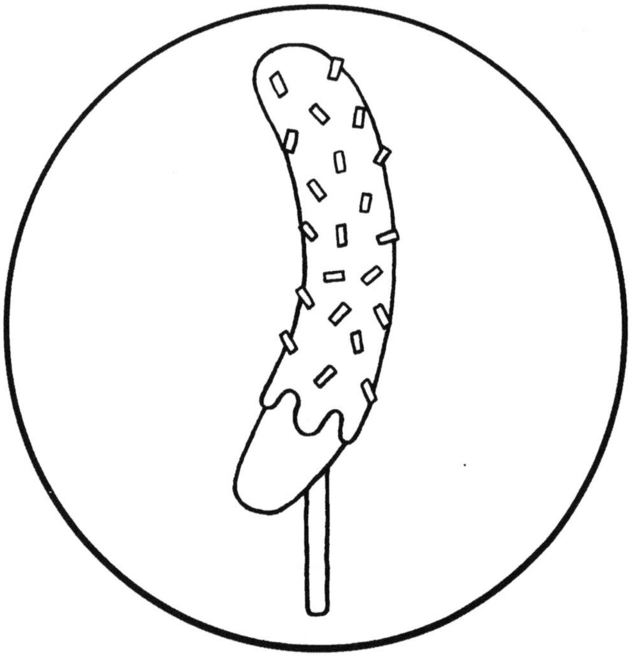

●容器

●かき氷

●ポイ

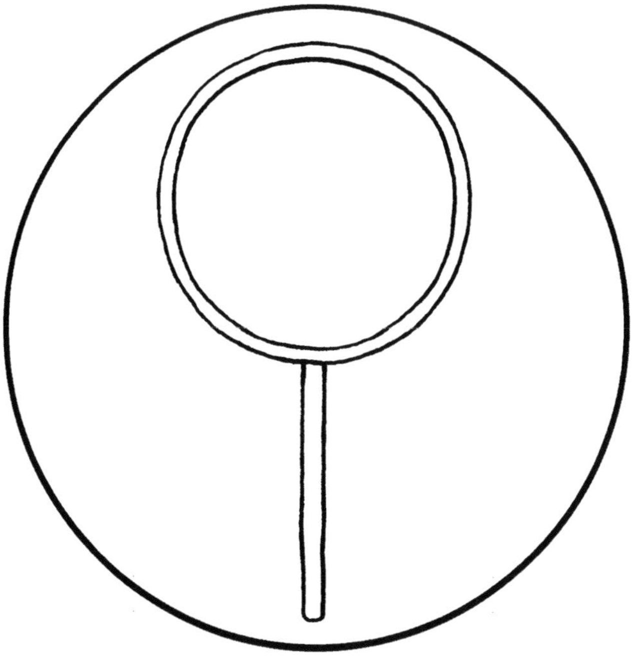

●金魚

●袋に入った金魚

●うちわ

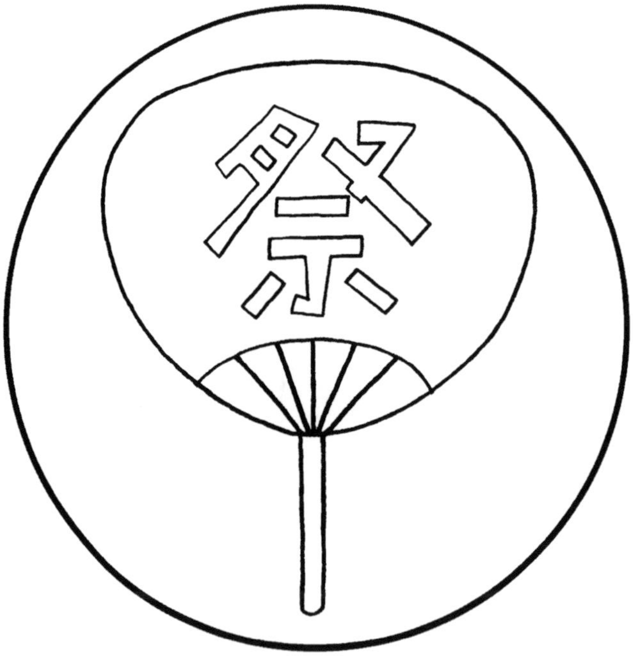

p.26-29 望遠鏡をのぞいたら

★拡大コピーの目安は140%です（直径18㎝の紙皿使用時）。

●望遠鏡

●お月様

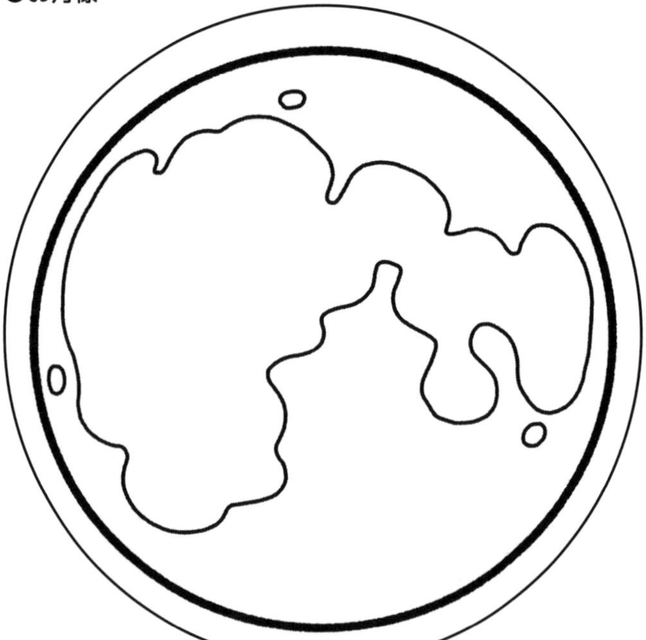

●ウサギ

●ウサギの餅つき

●宇宙人

● UFO

●オオカミ男

●月夜

p.30-33 変身！ ハロウィン

★拡大コピーの目安は200%です。

●男の子１（表）

●ドラキュラ（裏）

●トマトジュース

●女の子１（表）

●魔女（裏）

●女の子２（表）

●ネコ（裏）

●男の子2（表）

●カボチャ（裏）

●おばけ（表）

●人間（裏）

p.34-35 おイモはどこに隠れてる？

★拡大コピーの目安は140%です（B4のスケッチブック使用時）。

●長いサツマイモ

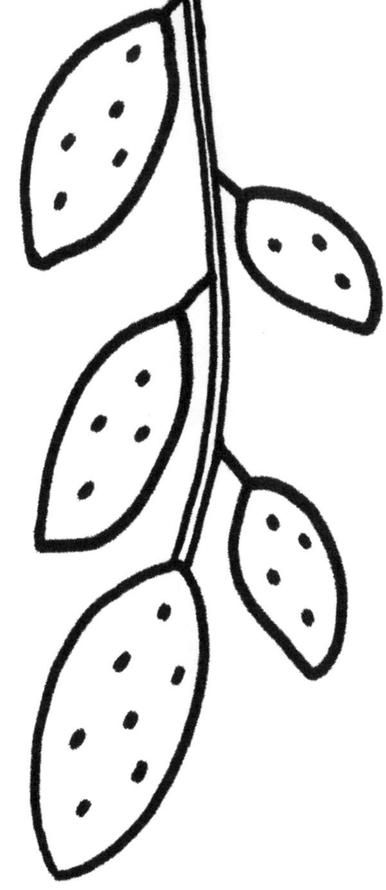

●モグラ

●テントウムシ

●ミミズ

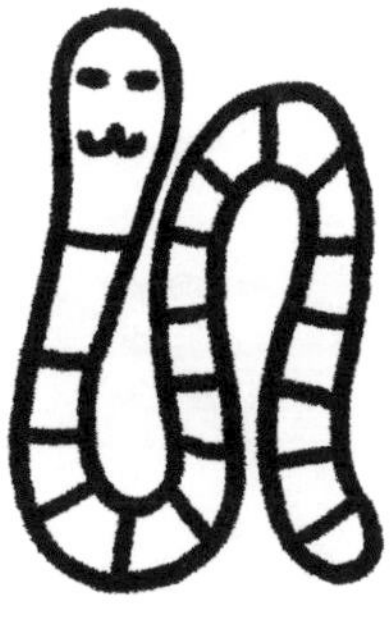

●小さなサツマイモ

●ダンゴムシ

●ネズミ

●イモ畑

●落ち葉

★拡大コピーの目安は150％です（B4のスケッチブック使用時）。

●運動会1

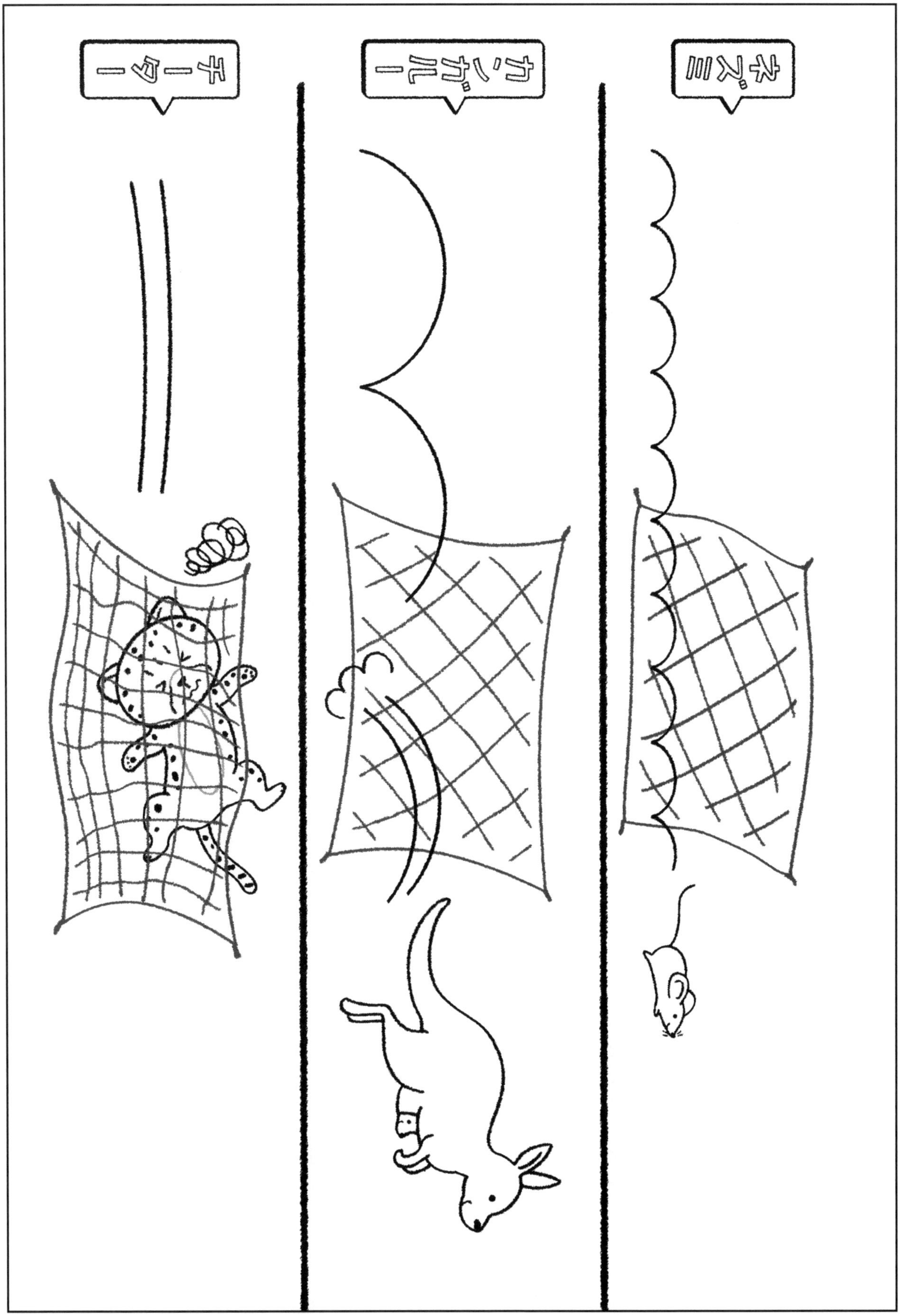
チーター
カンガルー
ネズミ

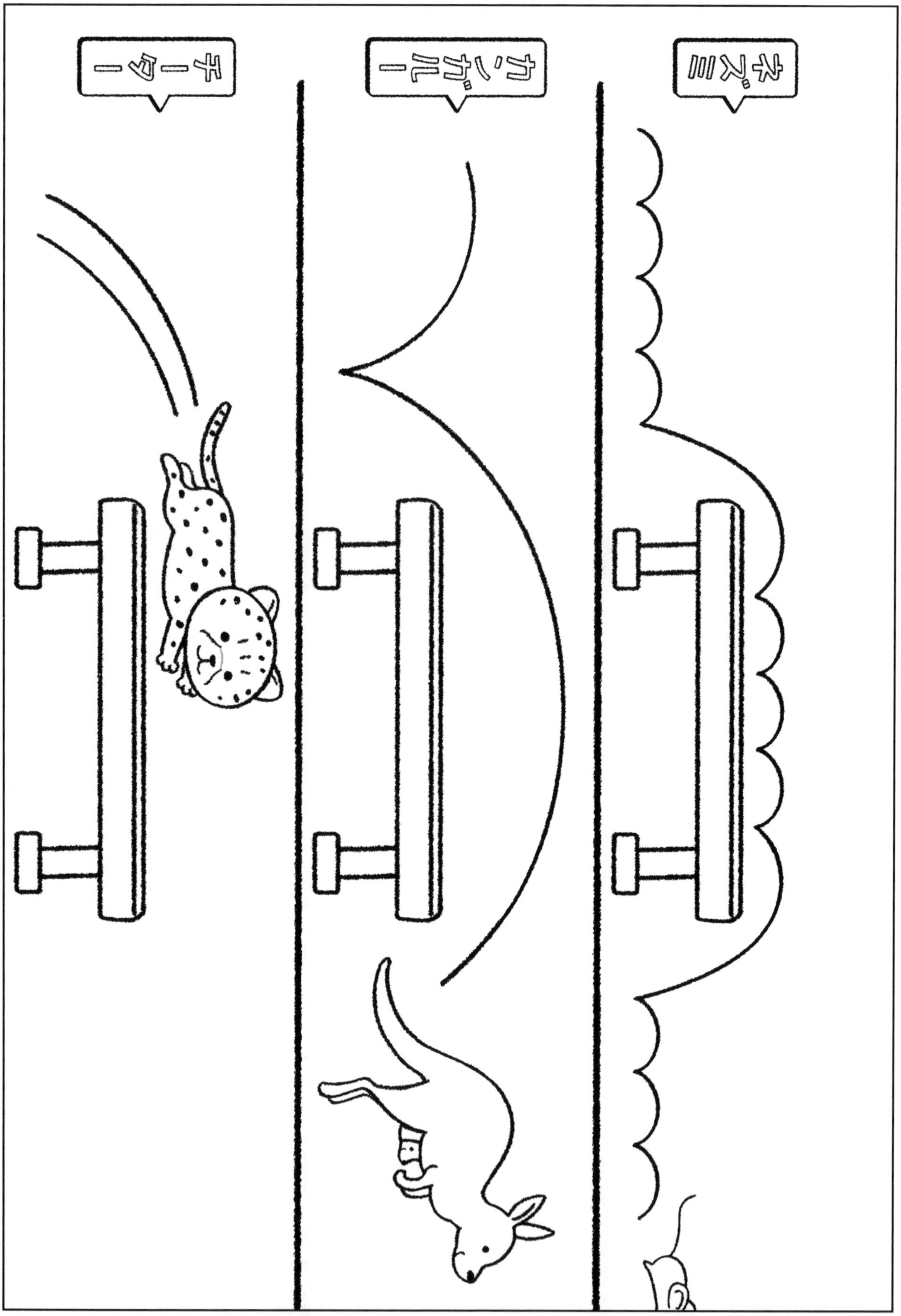
ネズミ
カンガルー
チーター

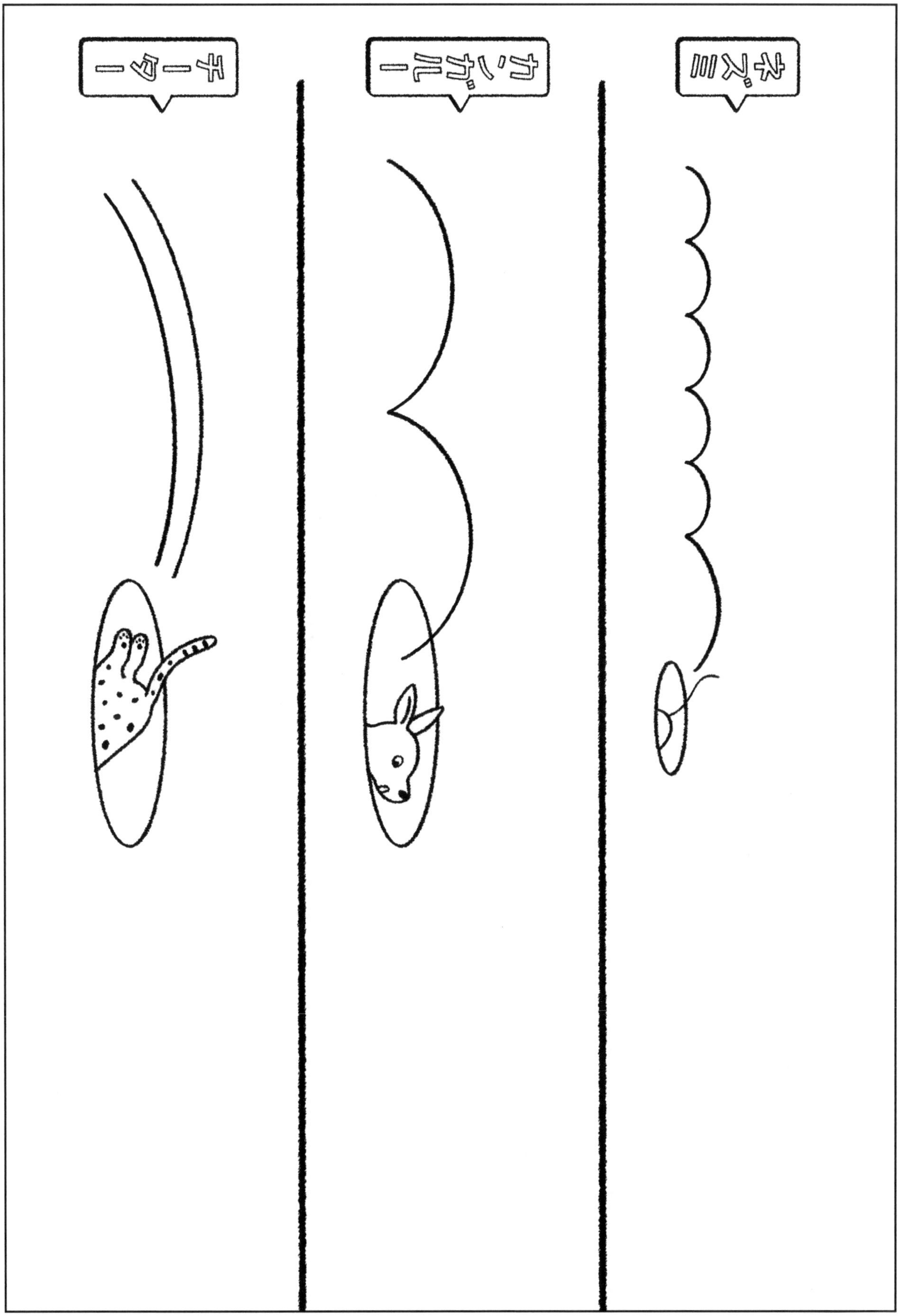
チーター
カンガルー
ネズミ

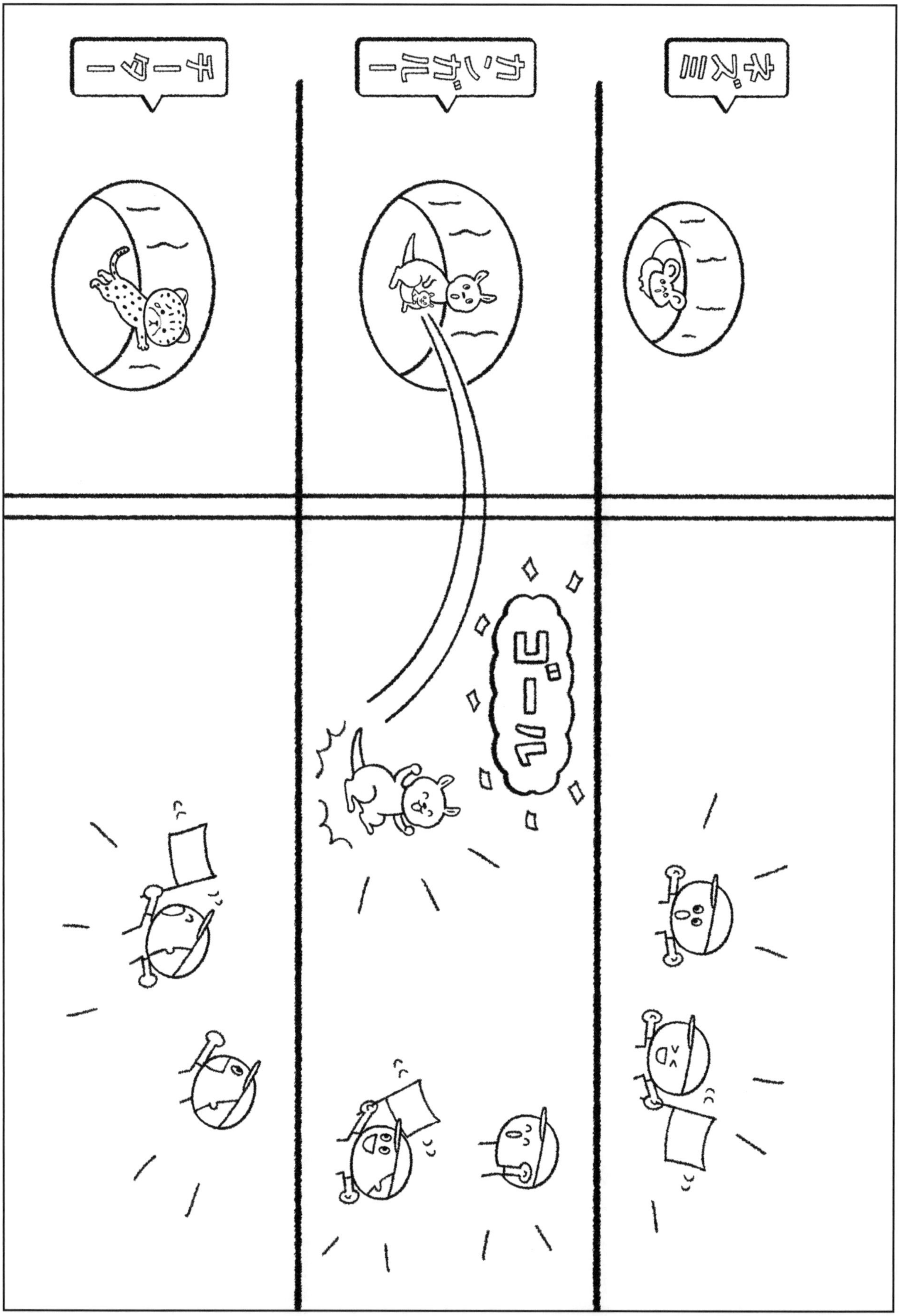
ネズミ
カンガルー
チーター
ゴール

p.40-43 うっかりもののサンタさん

★拡大コピーの目安は140%です（直径18㎝の紙皿使用時）。

●サンタ 1

●サンタ 2

●サンタ 3

●サンタ 4

●サンタ 5

●車

●トナカイ

●サンタ 6

●もみの木 1

●もみの木 2

p.44-45 だるまさんとおじさんがころんだ

★拡大コピーの目安は200%です（B4のスケッチブック使用時）。

●だるまさん（前）

●だるまさん（後）

●おじさん（前）

●おじさん（後）

p.46-47 雪の中のかくれんぼ

★原寸です。

●キツネ１

●キツネ２

●ウサギの親子 1

●ウサギの親子 2

●シロクマ 1

●シロクマ 2

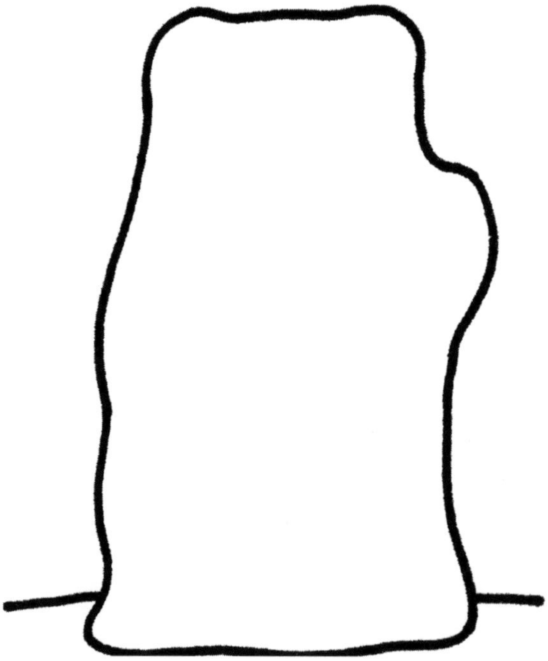

p.48-51 どれが似合うかな？

★拡大コピーの目安は180％です。

●男雛

●男雛衣装 1

●男雛衣装 2

●男雛衣装 3

●女雛

●女雛衣装 1

●女雛衣装 3

●女雛衣装 2

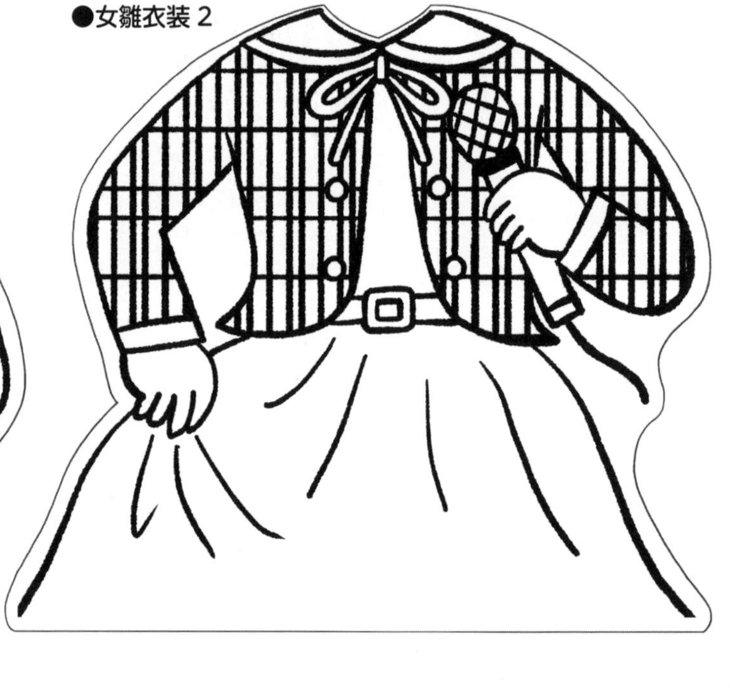

p.52-55 こんなに大きくなりました

★拡大コピーの目安は140％です（直径18㎝の紙皿使用時）。

●ヒヨコ

●ニワトリ

●アオムシ

●チョウチョウ

●小さな芽

●チューリップ

●赤ちゃん

●子ども

p.56-60 ありがとう バイバイ またね

★拡大コピーの目安は150%です（B4のスケッチブック使用時）。

●シート1

きが つけば
ほら なかよしだよ

●シート3

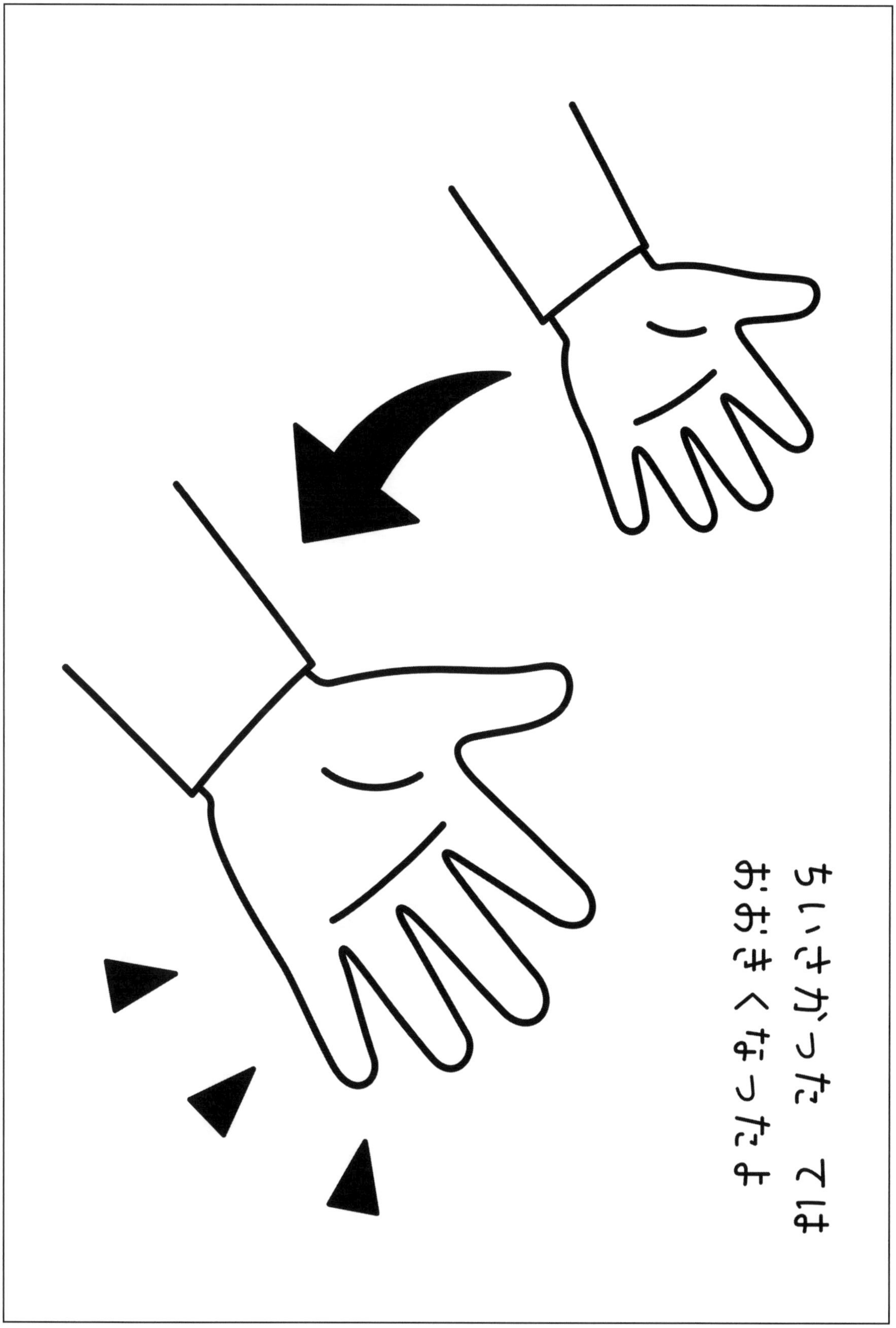

●シート4

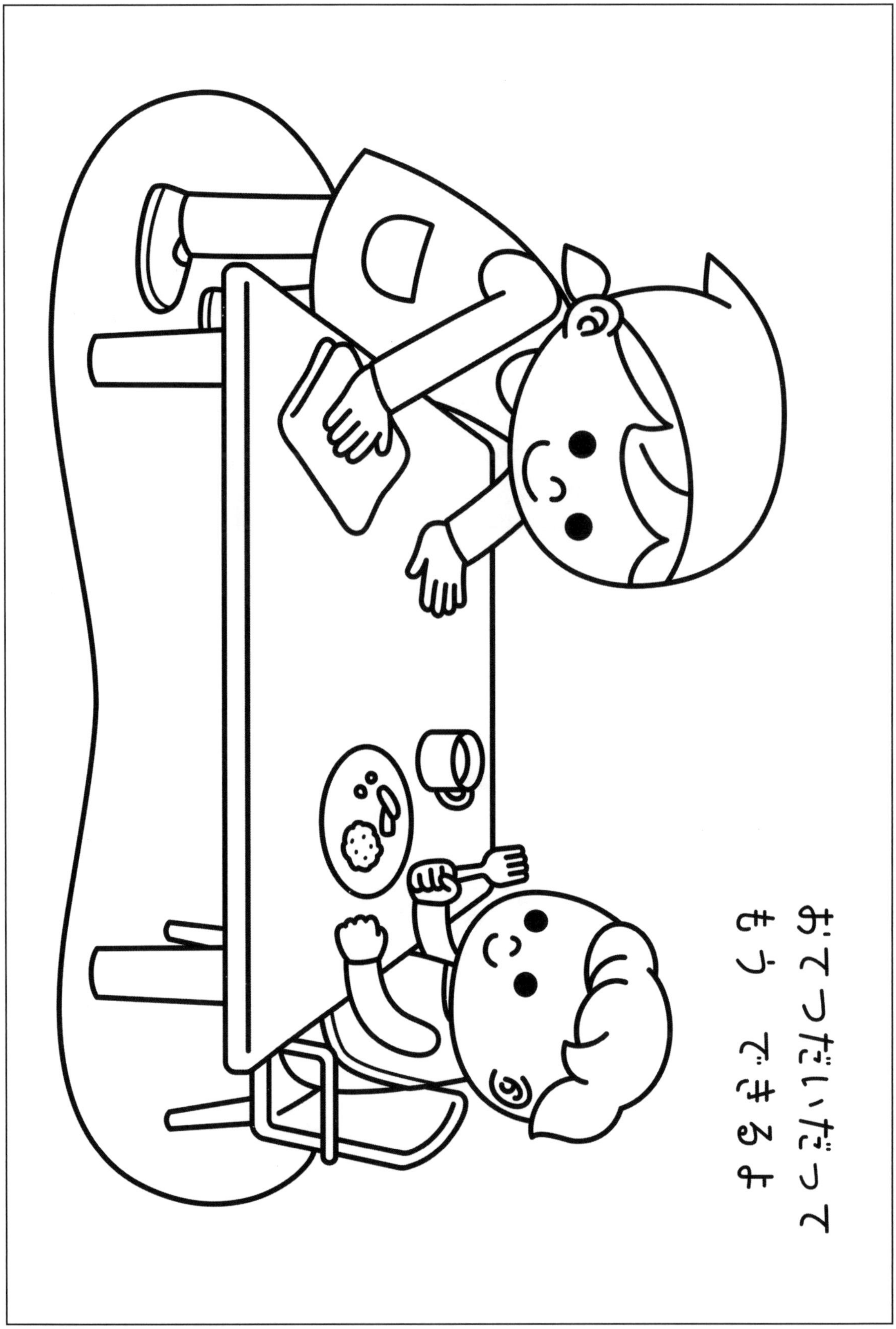

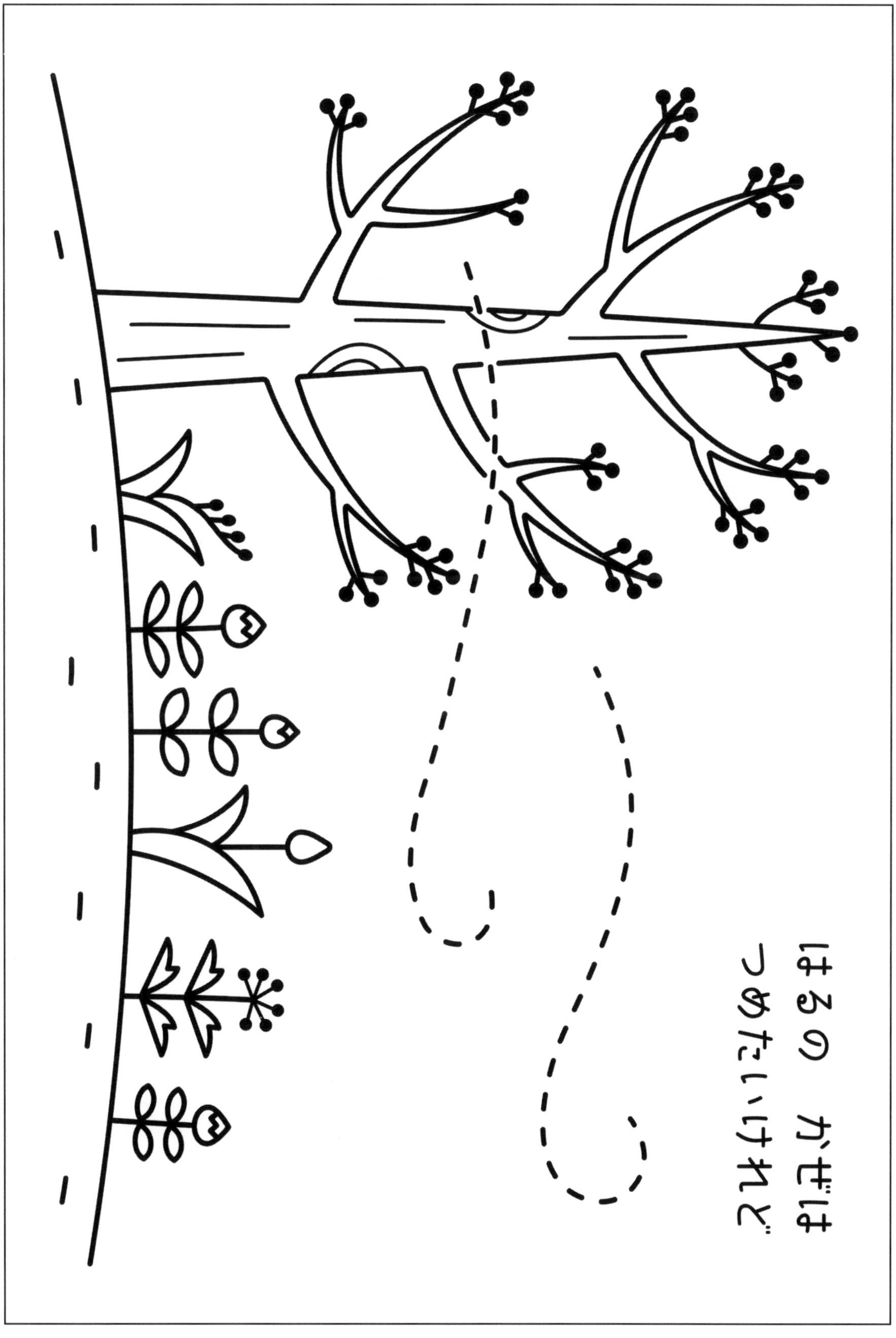
はるの かぜは
つめたいけれど

ちいさな　つぼみが
いま　さいたんだ

●シート7

●シート8

●シート９

たくさん　ともだち
できたんだ
しんぱいしないで
ころんだって　へいき
あしたの　あおぞら
かがやいてる

そつえんしき
わすれないよ みんなのこと
わすれないよ たいせつな ばしょ

●シート 12

p.62-65 みんなおやすみ

★拡大コピーの目安は140%です（直径18㎝の紙皿使用時）。

●子ネコ 1

●子ネコ 2

●子イヌ 1

●子イヌ 2

●小鳥 1

●小鳥 2

●シャベル 1

●シャベル 2

●赤ちゃん１

●赤ちゃん２

p.66-69 えらんで えらんで

★拡大コピーの目安は160％です。

●ケーキ

●ラーメン

●お寿司

●ステーキ

●変な着ぐるみ

●ヒーロー

●ドレス

●消防士

●風船

●新幹線

●ロボット

●ぬいぐるみ

●パンダ

●ネコ

●ウサギ

●ゾウ

p.70-73 だいじょうぶ ズコッ

★拡大コピーの目安は200%です。

●ウサギ（表）

●ウサギ（裏）

●キツネ（表）

●キツネ（裏）

●ヘビ（表）

●ヘビ（裏）

●カメ（表）

●カメ（裏）

●ゾウ（表）

●ゾウ（裏）

●ツバサくん（表）

●ツバサくん（裏）

p.74-77 かみなりどんがやってきた

★拡大コピーの目安は200%です。

●じゃばら折り（表）

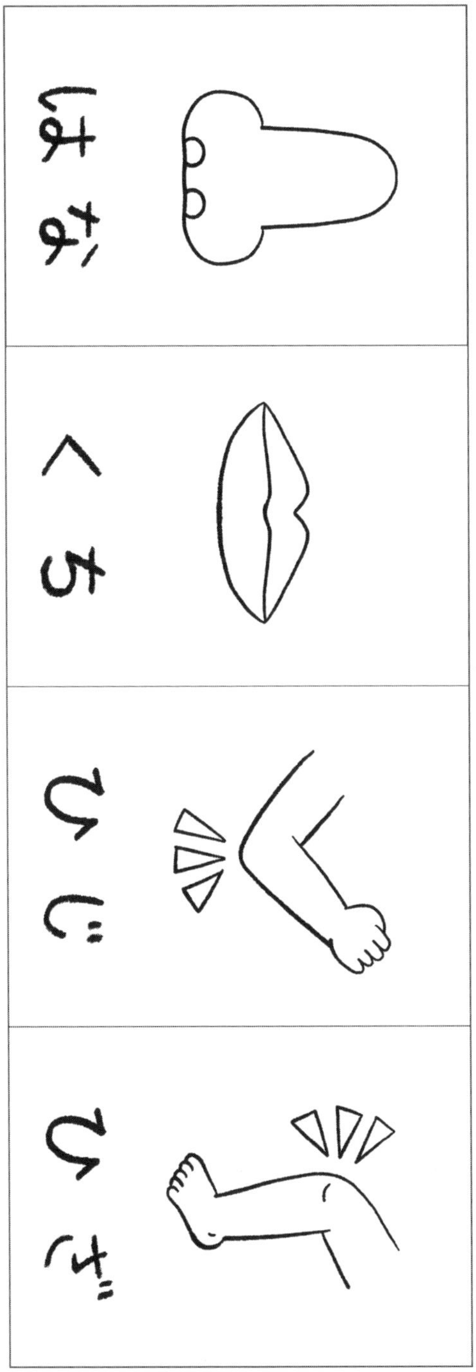

●じゃばら折り（裏）

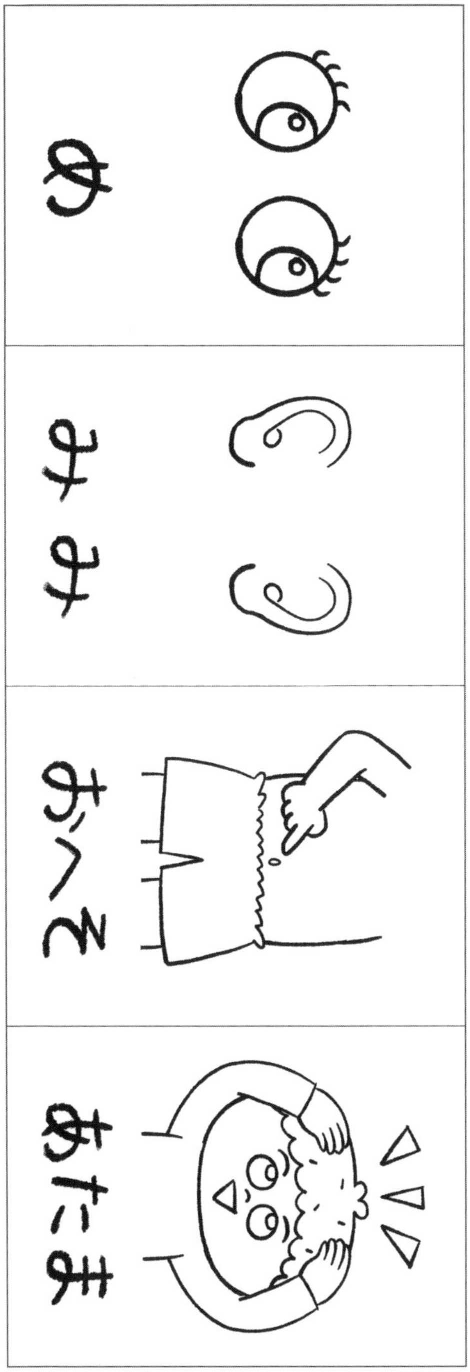

●かみなりどん（表）

●かみなりどん（裏）

p.78-79 雨が降ってきた

★拡大コピーの目安は200％です（A4のクリアファイル使用時）。

●晴れ

●雨雲

●弱い雨

●強い雨

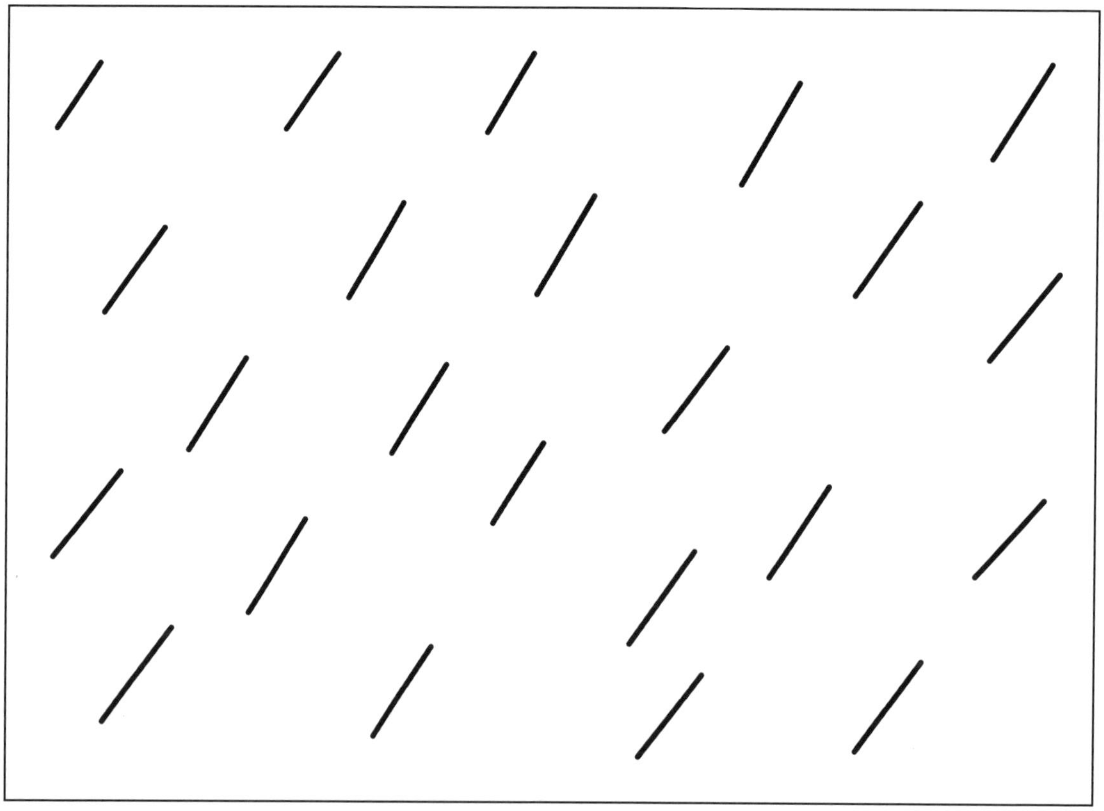

●カミナリ

p.80 はい、チーズ！

★拡大コピーの目安は150%です（B4のスケッチブック使用時）。

●スマホ（表）

●スマホ（裏）

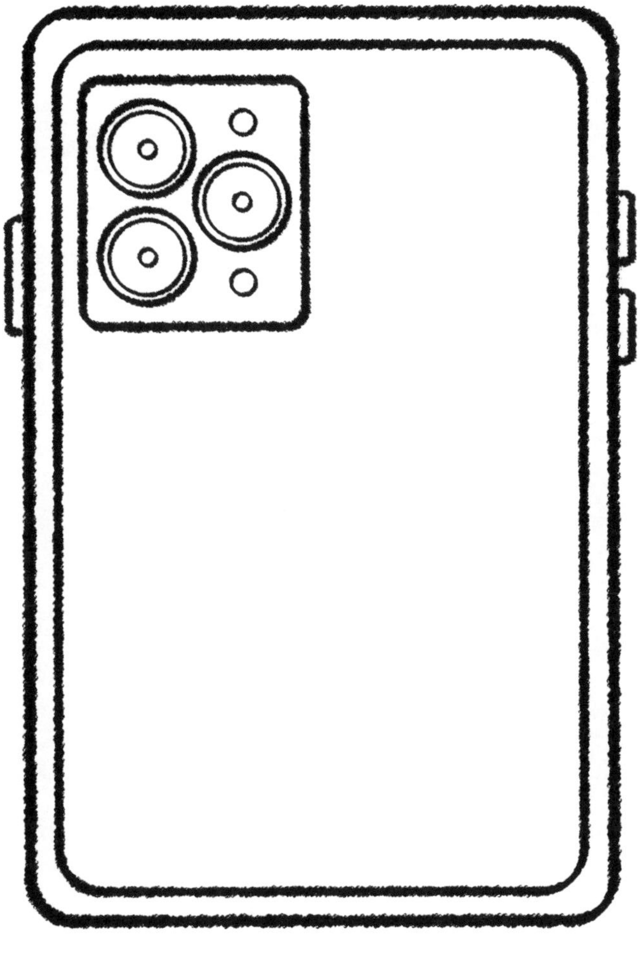

鈴木 翼（すずき・つばさ）

あそび歌作家。私立保育園、子育て支援センターに8年間勤務後、2009年あそび歌作家として活動開始。保育雑誌を中心に多数の連載、執筆活動を行いながら、全国でファミリーコンサート、保育者向け講習会等に出演。「かみなりどんがやってきた」「ちょっとだけ体操」をはじめ、数多くの子ども向けの楽曲を手掛け、2013年『なんでやねん』（世界文化社）で絵本作家デビュー。NHKBSプレミアム「みんなDEどーもくん」「ワンワンパッコロ！キャラともワールド」に出演。番組への楽曲提供も行い、2015年よりフジロックフェスティバル（アヴァロンステージ、キッズランドステージ）にも出演。グリコ「プッチンプリン応援ソング」、アリオオリジナルハロウィンダンス『ハローハロウィン』など、CMタイアップ楽曲制作も行う。2019年より、大阪芸術大学短期大学部保育学科客員教授に就任。直近の著書に『うみでなんでやねん』『0歳からのあそびうた 鈴木翼&福田翔のファンファン・ファンタジー』（ともに世界文化社）、『0・1・2歳からのあそびうた 鈴木翼＆福田翔のイエイ！イエイ！ジュース!!』（鈴木出版）がある。

カバー・本文デザイン	鷹觜麻衣子
イラスト	有栖サチコ、コダイラヒロミ、鈴木えりん、常永美弥、とみたみはる、中小路ムツヨ、もり谷ゆみ
図版作成	松山絢菜
撮影	千葉 充
モデル	GURRE（小野久美子、中澤梨乃、みやび）
浄書	別府のどか（gaagaaS）
校正	株式会社ぷれす
編集制作	株式会社KANADEL

うたって！ おどって！
鈴木 翼のうきうきシアター

著　者　鈴木 翼
発行者　池田士文
印刷所　シナノ印刷株式会社
製本所　シナノ印刷株式会社
発行所　株式会社池田書店
〒162-0851 東京都新宿区弁天町 43 番地
電話 03-3267-6821（代）　FAX 03-3235-6672

落丁・乱丁はお取り替えいたします。

ISBN 978-4-262-15449-7

JASRAC 出 2400215-401

※本書に付属のCD-ROMと型紙は、図書館およびそれに準じる施設において、 館外へ貸し出すことを許可します。

[本書内容に関するお問い合わせ]

書名、該当ページを明記の上、郵送、FAX、または当社ホームページお問い合わせフォームからお送りください。なお回答にはお時間がかかる場合がございます。電話によるお問い合わせはお受けしておりません。また本書内容以外のご質問などにもお答えできませんので、あらかじめご了承ください。本書のご感想についても、当社HPフォームよりお寄せください。

[お問い合わせ・ご感想フォーム]

当社ホームページから
https://www.ikedashoten.co.jp/

24005009